CÓDIGO BRASILEIRO DE JUSTIÇA DESPORTIVA

E NORMAS COMPLEMENTARES

RESOLUÇÃO CNE Nº 1, DE 23.12.2003
COM A REDAÇÃO CONSOLIDADA PELA
RESOLUÇÃO CNE Nº 29, DE 10.12.2009

ESTATUTO DO TORCEDOR
LEI Nº 10.671, DE 15.5.2003

NORMAS COMPLEMENTARES
LEI PELÉ – Nº 9.615, DE 24.3.1998

DOPING
RESOLUÇÃO CNE Nº 2, DE 5.5.2004

SUBSTÂNCIAS E MÉTODOS PROIBIDOS
RESOLUÇÃO CNE Nº 27, DE 21.12.2009

ÍNDICE ALFABÉTICO-REMISSIVO

"O livro é a porta que se abre para a realização do homem."

Jair Lot Vieira

Supervisão Editorial
JAIR LOT VIEIRA

CÓDIGO BRASILEIRO DE JUSTIÇA DESPORTIVA

E NORMAS COMPLEMENTARES

RESOLUÇÃO CNE Nº 1, DE 23.12.2003
COM A REDAÇÃO CONSOLIDADA PELA
RESOLUÇÃO CNE Nº 29, DE 10.12.2009

ESTATUTO DO TORCEDOR
LEI Nº 10.671, DE 15.5.2003

NORMAS COMPLEMENTARES
LEI PELÉ – Nº 9.615, DE 24.3.1998

DOPING
RESOLUÇÃO CNE Nº 2, DE 5.5.2004

SUBSTÂNCIAS E MÉTODOS PROIBIDOS
RESOLUÇÃO CNE Nº 27, DE 21.12.2009

ÍNDICE ALFABÉTICO-REMISSIVO

edipro

CÓDIGO BRASILEIRO DE JUSTIÇA DESPORTIVA

Resolução CNE nº 1, de 23.12.2003 com a redação consolidada pela Resolução CNE nº 29, de 10.12.2009

E NORMAS COMPLEMENTARES

Supervisão Editorial: Jair Lot Vieira

2ª Edição 2010

Coordenação editorial: *Maíra Lot Viera Micales*

Edição e produção gráfica: *Alexandre Rudyard Benevides*

Revisão: *Ricardo Virando* e *Andréia Lima Hernandes Barbosa*

Capa: *Camila Treb* e *Maíra Lot Vieira Micales*

Dados Internacionais de Catalogação na Publicação (CIP)
(Câmara Brasileira do Livro, SP, Brasil)

Brasil
[Código Brasileiro de Justiça Desportiva]
Código Brasileiro de Justiça Desportiva : Resolução nº 1, do Conselho Nacional do Esporte, de 23 de dezembro de 2003 com a redação consolidada pela Resolução nº 29, do Conselho Nacional do Esporte, de 10 de dezembro de 2009 / supervisão editorial Jair Lot Vieira. -- Bauru, SP : EDIPRO, 2010. -- (Série legislação)

ISBN 978-85-7283-675-3

1. Esportes – Leis e legislação – Brasil 2. Justiça desportiva – Brasil I. Vieira, Jair Lot. II. Título. III. Série.

04-0072 CDU-347.998:796(81)(094.4)

Índices para catálogo sistemático:
1. Código Brasileiro de Justiça Desportiva : Direito : 347.998:796(81)(094.4)
2. Justiça desportiva : Código : Brasil : 347.998:796(81)(094.4)

edipro
edições profissionais ltda.

São Paulo: Fone (11) 3107-4788 – Fax (11) 3107-0061
Bauru: Fone (14) 3234-4121 – Fax (14) 3234-4122
www.edipro.com.br

SUMÁRIO

CONSTITUIÇÃO DA REPÚBLICA FEDERATIVA DO BRASIL (Art. 217) 9

RESOLUÇÃO CNE Nº 1, DE 23 DE DEZEMBRO DE 2003 – *APROVA O CÓDIGO BRASILEIRO DE JUSTIÇA DESPORTIVA* 11

RESOLUÇÃO CNE Nº 29, DE 10 DE DEZEMBRO DE 2009 – *ALTERA DISPOSITIVOS DO CÓDIGO BRASILEIRO DE JUSTIÇA DESPORTIVA* 12

CÓDIGO BRASILEIRO DE JUSTIÇA DESPORTIVA

[com a redação consolidada pela Resolução nº 29, de 10 de dezembro de 2009] (arts. 1º a 287) 13

LIVRO I – DA JUSTIÇA DESPORTIVA (arts. 1º a 152-A) 13

TÍTULO I – DA ORGANIZAÇÃO DA JUSTIÇA E DO PROCESSO DESPORTIVO (arts. 1º a 23) 13

Capítulo I – Da Organização da Justiça Desportiva (arts. 1º a 8º-B) 13

Capítulo II – Do Presidente e do Vice-Presidente do STJD, dos Tribunais e das Comissões Disciplinares (arts. 9º e 10-D) 17

Capítulo III – Dos Auditores (arts. 11 a 20) 19

Capítulo IV – Da Procuradoria da Justiça Desportiva (arts. 21 e 22) 22

Capítulo V – Da Secretaria (art. 23) 23

TÍTULO II – DA JURISDIÇÃO E DA COMPETÊNCIA (arts. 24 a 32) 24

Capítulo I – Disposições Gerais (art. 24) 24

Capítulo II – Do Superior Tribunal de Justiça Desportiva (art. 25) 24

Capítulo III – Das Comissões Disciplinares do STJD (art. 26) 26

Capítulo IV – Dos Tribunais de Justiça Desportiva (arts. 27 e 28) 26

Capítulo V – Dos Defensores (arts. 29 a 32) 27

TÍTULO III – DO PROCESSO DESPORTIVO (arts. 33 a 72) 28
Capítulo I – Das Disposições Gerais (arts. 33 e 34) 28
Capítulo II – Da Suspensão Preventiva (art. 35) 29
Capítulo III – Dos Atos Processuais (arts. 36 a a 41) 29
Capítulo IV – Dos Prazos (arts. 42 a 44) 30
Capítulo V – Da Comunicação dos Atos (arts. 45 a 51-A) 30
Capítulo VI – Das Nulidades (arts. 52 a 54) 32
Capítulo VII – Da Intervenção de Terceiro (art. 55) 32
Capítulo VIII – Das Provas (arts. 56 a 71) 32
Seção I – Das Disposições Gerais (arts. 56 a 59) 32
Seção II – Do Depoimento Pessoal (art. 60) 33
Seção III – Da Prova Documental (art. 61) 33
Seção IV – Da Exibição de Documento ou Coisa (art. 62) 34
Seção V – Da Prova Testemunhal (arts. 63 e 64) 34
Seção VI – Dos Meios Audiovisuais (arts. 65 a 67) 34
Seção VII – Da Prova Pericial (arts. 68 e 69) 35
Seção VIII – Da Inspeção (arts. 70 e 71) 35
Capítulo IX – Do Registro e da Distribuição (art. 72) 35
TÍTULO IV – DAS ESPÉCIES DO PROCESSO DESPORTIVO (arts. 73 a 135) 35
Capítulo I – Do Procedimento Sumário (arts. 73 a 79) 35
Capítulo II – Dos Procedimentos Especiais (arts. 80 a 119-A) 38
Seção I – Das Disposições Gerais (art. 80) 38
Seção I-A – Da Transação Disciplinar Desportiva (art. 80-A) 38
Seção II – Do Inquérito (arts. 81 a 83) 39
Seção III – Da Impugnação de Partida, Prova ou Equivalente (arts. 84 a 87) 40
Seção IV – Do Mandado de Garantia (arts. 88 a 98) 41
Seção V – Da Reabilitação (arts. 99 e 100) 42
Seção VI – Da Dopagem (arts. 100-A a 106) 42
Seção VII – Das Infrações Punidas com Eliminação (arts. 107 a 110). 43
Seção VIII – Da Suspensão, Desfiliação ou Desvinculação Impostas pelas Entidades de Administração ou de Prática Desportiva (art. 111) .. 44
Seção IX – Da Revisão (arts. 112 a 118) 44
Seção X – Das Medidas Inominadas (art. 119) 44
Seção XI – Do Enunciado de Súmula (art. 119-A) 45
Capítulo III – Da Sessão de Instrução e Julgamento (arts. 120 a 135) 46
TÍTULO V – DOS RECURSOS (arts. 136 a 152-A) 49
Capítulo I – Das Disposições Gerais (arts. 136 a 142) 49
Capítulo II – Do Recurso Necessário (arts. 143 a 145) 51
Capítulo III – Do Recurso Voluntário (arts. 146 a 152) 51
Capítulo IV – Dos Embargos de Declaração (art. 152-A) 52

LIVRO II – DAS MEDIDAS DISCIPLINARES (arts. 153 a 190) 53
TÍTULO I – DAS DISPOSIÇÕES GERAIS (arts. 153 a 155) 53
TÍTULO II – DA INFRAÇÃO (arts. 156 a 161-A) 53
TÍTULO III – DA RESPONSABILIZAÇÃO PELA ATITUDE ANTIDESPORTIVA PRATICADA POR MENORES DE QUATORZE ANOS (art. 162) 54
TÍTULO IV – DO CONCURSO DE PESSOAS (art. 163) 55
TÍTULO V – DA EXTINÇÃO DA PUNIBILIDADE (arts. 164 a 169-B) 55
TÍTULO VI – DAS PENALIDADES (arts. 170 a 184) 57
Capítulo I – Das Espécies de Penalidades (arts. 170 a 177) 57
Capítulo II – Da Aplicação da Penalidade (arts. 178 a 184) 60
TÍTULO VII – DAS INFRAÇÕES DAS PESSOAS [Revogado] (arts. 185 a 189) 61
Capítulo I – Das Ofensas Físicas [Revogado] (arts. 185 e 186) 61
Capítulo II – Das Ofensas Morais [Revogado] (arts. 187 a 189) 62
TÍTULO VIII e CAPÍTULOS – [Revogado] 63
TÍTULO IX e CAPÍTULOS – [Revogado] 71
TÍTULO X e CAPÍTULOS – [Revogado] 86
LIVRO III – DAS INFRAÇÕES EM ESPÉCIE (arts. 191 a 287) 63
Capítulo I – Das Infrações Relativas à Administração Desportiva, às Competições e à Justiça Desportiva (arts. 191 a 219) 63
Capítulo II – Das Infrações Referentes à Justiça Desportiva (arts. 220 a 233) 69
Capítulo III – [*Omissis*] 71
Capítulo IV – [Revogado] 71
Capítulo V – Das Infrações contra a Ética Desportiva (arts. 234 a 249) 72
Capítulo VI – Das Infrações Relativas à Disputa das Partidas, Provas ou Equivalentes (arts. 249-A a 258) 77
Capítulo VII – Das Infrações Relativas à Arbitragem (arts. 259 a 280) 82
LIVRO COMPLEMENTAR – DAS DISPOSIÇÕES GERAIS, TRANSITÓRIAS E FINAIS (arts. 281 a 287) 86
Capítulo I – Das Disposições Gerais (arts. 281 a 284) 86
Capítulo II – Das Disposições Transitórias e Finais (arts. 285 a 287) 87

ESTATUTO DE DEFESA DO TORCEDOR 89

LEI Nº 10.671, DE 15 DE MAIO DE 2003 – *Dispõe sobre o Estatuto de Defesa do Torcedor e dá outras providências* 89
Capítulo I – Disposições Gerais (arts. 1º a 4º) 89
Capítulo II – Da Transparência na Organização (arts. 5º a 8º) 89
Capítulo III – Do Regulamento da Competição (arts. 9º a 12) 90
Capítulo IV – Da Segurança do Torcedor Partícipe do Evento Esportivo (arts. 13 a 19) 92

Capítulo V – Dos Ingressos (arts. 20 a 25) ... 93
Capítulo VI – Do Transporte (arts. 26 e 27) ... 94
Capítulo VII – Da Alimentação e da Higiene (arts. 28 e 29) ... 95
Capítulo VIII – Da Relação com a Arbitragem Esportiva (arts. 30 a 32) ... 95
Capítulo IX – Da Relação com a Entidade de Prática Desportiva (art. 33) 96
Capítulo X – Da Relação com a Justiça Desportiva (arts. 34 a 36) ... 96
Capítulo XI – Das Penalidades (arts. 37 a 41) ... 96
Capítulo XII – Disposições Finais e Transitórias (arts. 42 a 45) ... 97

NORMAS COMPLEMENTARES ... 99

LEI PELÉ – Lei nº 9.615, de 24 de março de 1998 – *Institui normas gerais sobre desporto e dá outras providências* (Excertos) ... 99

Capítulo VII – Da Justiça Desportiva (arts. 49 a 55) ... 99

DOPING – Resolução CNE nº 2, de 5 de maio de 2004 – *Institui Normas Básicas de Controle da Dopagem nas Partidas, Provas ou Equivalentes do Desporto de Rendimento de Prática Profissional e Não-Profissional* (Excertos) ... 101

SUBSTÂNCIAS E MÉTODOS PROIBIDOS – Resolução CNE nº 27, de 21 de dezembro de 2009 – *Aprova a lista de substâncias e métodos proibidos na prática desportiva* ... 103

DECRETO Nº 6.795, DE 16 DE MARÇO DE 2009 – *Regulamenta o art. 23 da Lei nº 10.671, de 15 de maio de 2003, que dispõe sobre o controle das condições de segurança dos estádios desportivos* ... 108

ÍNDICE ALFABÉTICO-REMISSIVO ... 109

Constituição da República Federativa do Brasil

__Art. 217.__ É dever do Estado fomentar práticas desportivas formais e não formais, como direito de cada um, observados:

I – a autonomia das entidades desportivas dirigentes e associações, quanto à sua organização e funcionamento;

II – a destinação de recursos públicos para a promoção prioritária do desporto educacional e, em casos específicos, para a do desporto de alto rendimento;

III – o tratamento diferenciado para o desporto profissional e o não profissional;

IV – a proteção e o incentivo às manifestações desportivas de criação nacional.

__§ 1º.__ O Poder Judiciário só admitirá ações relativas à disciplina e às competições desportivas após esgotarem-se as instâncias da Justiça Desportiva, regulada em lei.

__§ 2º.__ A Justiça Desportiva terá o prazo máximo de 60 (sessenta) dias, contados da instauração do processo, para proferir decisão final.

§ 3º. O Poder Público incentivará o lazer, como forma de promoção social.

CÓDIGO BRASILEIRO DE JUSTIÇA DESPORTIVA

RESOLUÇÃO CNE Nº 1, DE 23 DE DEZEMBRO DE 2003

Aprova o Código Brasileiro de Justiça Desportiva.

O Presidente do Conselho Nacional do Esporte, no uso de suas atribuições regulamentares e,

Considerando o que dispõem o inciso VI do art. 11 da Lei nº 9.615, de 24 de março de 1998, e o art. 42 da Lei nº 10.671, de 15 de maio de 2003;

Considerando a deliberação unânime do Conselho Nacional do Esporte, em sessão do dia 22 de dezembro de 2003, resolve:

Art. 1º. Fica aprovado o Código Brasileiro de Justiça Desportiva, nos termos do anexo desta Resolução, a que se submetem todas as competições desportivas que se iniciarem após sua vigência.

Art. 2º. Esta Resolução entra em vigor na data de sua publicação, revogadas as disposições em contrário.

Agnelo Queiroz

DOU de 24.12.2003

RESOLUÇÃO CNE Nº 29, DE 10 DE DEZEMBRO DE 2009

Altera dispositivos do Código Brasileiro de Justiça Desportiva.

O Ministro de Estado do Esporte e Presidente do Conselho Nacional do Esporte, no uso de suas atribuições regulamentares e, Considerando que o trabalho elaborado pela Comissão de Estudos Jurídicos Desportivos deixa evidente a relevância e a urgência na implementação das alterações propostas no Código Brasileiro de Justiça Desportiva, com a finalidade de propiciar a imediata vigência e incidência desse estatuto normativo nas competições desportivas profissionais e não profissionais a serem iniciadas;

Considerando o que dispõe o inciso VI do art. 11 da Lei nº 9.615, de 24 de março de 1988, que atribui ao Conselho Nacional do Esporte a competência para aprovar os Códigos de Justiça Desportiva e suas alterações;

Considerando o que decidiu o plenário do Conselho Nacional do Esporte, na 21ª Reunião Ordinária, realizada em 10 de dezembro de 2009;

Resolve:

Art. 1º. O Código Brasileiro de Justiça Desportiva aprovado pela Resolução CNE nº 1, de 24 de dezembro de 2003, publicada no *DOU* – Seção 1, pág. 182, de 24 de dezembro de 2003; republicada, em parte, no *DOU* – Seção 1, pág. 98, de 29 de dezembro de 2003; alterado pela Resolução nº 11, de 29 de março de 2006, publicada no *DOU* – Seção 1, pág. 169, de 31 de março de 2006; e referendado pela Resolução nº 13, de 4 de maio de 2006, publicada no *DOU* – Seção 1, pág. 55, de 23 de maio de 2006, passa a vigorar com as seguintes alterações:

- *Alterações já efetuadas no corpo do Código.*

Art. 2º. Ficam revogados os arts. [...] do Código Brasileiro de Justiça Desportiva.

6º	32	96	101	106	107	108	109	110	134	149
152	165	173	176	185	186	187	188	189	190	191
192	193	194	195	196	197	198	199	200	202	208
209	210	212	215	217	218	224	225	232	233	244
245	246	247	248	249	250	251	252	253	255	256
261	262	264	265	268	270	271	272	274	275	276
277	278	279	280	285						

Art. 3º. O Texto Consolidaddo do Código Brasileiro de Justiça Desportiva é parte integrante desta Resolução.

Art. 4º. Esta Resolução entra em vigor na data de sua publicação.

Orlando Silva

DOU de 31.12.2009

Código Brasileiro de Justiça Desportiva

Com a redação consolidada pela Resolução CNE nº 29, de 10.12.2009

LIVRO I

DA JUSTIÇA DESPORTIVA

TÍTULO I – DA ORGANIZAÇÃO DA JUSTIÇA E DO PROCESSO DESPORTIVO

Capítulo I – Da Organização Da Justiça Desportiva

Art. 1º. A organização, o funcionamento, as atribuições da Justiça Desportiva brasileira e o processo desportivo, bem como a previsão das infrações disciplinares desportivas e de suas respectivas sanções, no que se referem ao desporto de prática formal, regulam-se por lei e por este Código.

• *Redação dada pela Resolução CNE nº 29/2009.*

Parágrafo único. (Revogado).

• *Revogado pela Resolução CNE nº 29/2009.*

§ 1º. Submetem-se a este Código, em todo o território nacional:

• *Incluído pela Resolução CNE nº 29/2009.*

I – as entidades nacionais e regionais de administração do desporto;

• *Incluído pela Resolução CNE nº 29/2009.*

II – as ligas nacionais e regionais;

• *Incluído pela Resolução CNE nº 29/2009.*

III – as entidades de prática desportiva, filiadas ou não às entidades de administração mencionadas nos incisos anteriores;

• *Incluído pela Resolução CNE nº 29/2009.*

IV – os atletas, profissionais e não-profissionais;

• *Incluído pela Resolução CNE nº 29/2009.*

V – os árbitros, assistentes e demais membros de equipe de arbitragem;

• *Incluído pela Resolução CNE nº 29/2009.*

VI – as pessoas naturais que exerçam quaisquer empregos, cargos ou funções, diretivos ou não, diretamente relacionados a alguma modalidade esportiva, em entidades mencionadas neste parágrafo, como, entre outros, dirigentes, administradores, treinadores, médicos ou membros de comissão técnica;

• *Incluído pela Resolução CNE nº 29/2009.*

VII – todas as demais entidades compreendidas pelo Sistema Nacional do Desporto que não tenham sido mencionadas nos incisos anteriores, bem como as pessoas naturais e jurídicas que lhes forem direta ou indiretamente vinculadas, filiadas, controladas ou coligadas.

• *Incluído pela Resolução CNE nº 29/2009.*

§ 2º. Na aplicação do presente Código, será considerado o tratamento diferenciado ao desporto de prática profissional e ao de prática não-profissional, previsto no inciso III do art. 217 da Constituição Federal.

• *Incluído pela Resolução CNE nº 29/2009.*

• *CF/1988 – Art. 217. É dever do Estado fomentar práticas desportivas formais e não formais, como direito de cada um, observados: (...) III – o tratamento diferenciado para o desporto profissional e o não profissional; (...).*

Art. 2º. A interpretação e aplicação deste Código observará os seguintes princípios, sem prejuízo de outros:

• *Redação dada pela Resolução CNE nº 29/2009.*

I – ampla defesa;

II – celeridade;

III – contraditório;

IV – economia processual;

V – impessoalidade;

VI – independência;

VII – legalidade;

VIII – moralidade;

IX – motivação;

X – oficialidade;

XI – oralidade;

XII – proporcionalidade;

XIII – publicidade;

XIV – razoabilidade;

XV – devido processo legal;

• *Incluído pela Resolução CNE nº 29/2009.*

XVI – tipicidade desportiva;

• *Incluído pela Resolução CNE nº 29/2009.*

XVII – prevalência, continuidade e estabilidade das competições (*pro competitione*);

• *Incluído pela Resolução CNE nº 29/2009.*

XVIII – espírito desportivo (*fair play*).

• *Incluído pela Resolução CNE nº 29/2009.*

Art. 3º. São órgãos da Justiça Desportiva, autônomos e independentes das entidades de administração do desporto, com o custeio de seu funcionamento promovido na forma da lei:

I – o Superior Tribunal de Justiça Desportiva (STJD), com jurisdição desportiva correspondente à abrangência territorial da entidade nacional de administração do desporto;

- *Redação dada pela Resolução CNE nº 29/2009.*

II – os Tribunais de Justiça Desportiva (TJD), com jurisdição desportiva correspondente à abrangência territorial da entidade regional de administração do desporto;

- *Redação dada pela Resolução CNE nº 29/2009.*

III – as Comissões Disciplinares constituídas perante os órgãos judicantes mencionados nos incisos I e II deste artigo.

- *Redação dada pela Resolução CNE nº 29/2009.*

Art. 3º-A. São órgãos do STJD o Tribunal Pleno e as Comissões Disciplinares.

- *Incluído pela Resolução CNE nº 29/2009.*

Art. 4º. O Tribunal Pleno do STJD compõe-se de nove membros, denominados auditores, de reconhecido saber jurídico desportivo e de reputação ilibada, sendo:

- *Redação dada pela Resolução CNE nº 29/2009.*

I – dois indicados pela entidade nacional de administração do desporto;

II – dois indicados pelas entidades de prática desportiva que participem da principal competição da entidade nacional de administração do desporto;

III – dois advogados indicados pelo Conselho Federal da Ordem dos Advogados do Brasil;

IV – um representante dos árbitros, indicado por entidade representativa; e

- *Alterado pela Resolução CNE nº 11/2006 e Resolução CNE nº 13/2006.*

V – dois representantes dos atletas, indicados por entidade representativa.

- *Alterado pela Resolução CNE nº 11/2006 e Resolução CNE nº 13/2006.*

Art. 4º-A. Para apreciação de matérias relativas a competições interestaduais ou nacionais, funcionarão perante o STJD, como primeiro grau de jurisdição, tantas Comissões Disciplinares Nacionais quantas se fizerem necessárias, compostas, cada uma, por cinco auditores, de reconhecido saber jurídico desportivo e de reputação ilibada, que não pertençam ao Tribunal Pleno do STJD.

- *Incluído pela Resolução CNE nº 29/2009.*

§ 1º. Os auditores das Comissões Disciplinares serão indicados pela maioria dos membros do Tribunal Pleno do STJD, a partir de sugestões de nomes apresentadas por qualquer auditor do Tribunal Pleno do STJD, devendo o Presidente do Tribunal Pleno do STJD preparar lista com todos os nomes sugeridos, em ordem alfabética.

- *Incluído pela Resolução CNE nº 29/2009.*

§ 2º. Cada auditor do Tribunal Pleno do STJD deverá, a partir da lista mencionada no § 1º, escolher um nome por vaga a ser preenchida, e os indicados para compor a Comissão Disciplinar serão aqueles que obtiverem o maior número de votos, prevalecendo o mais idoso, em caso de empate.

- *Incluído pela Resolução CNE nº 29/2009.*

§ 3º. Caso haja mais de uma vaga a ser preenchida em uma ou mais Comissões Disciplinares, a votação será única e a distribuição dos auditores nas diferentes vagas e Comissões Disciplinares far-se-á de modo sucessivo, preenchendo-se primeiro as vagas da primeira Comissão Disciplinar, e posteriormente as vagas das Comissões Disciplinares de numeração subsequente, caso existentes, conforme a ordem decrescente dos indicados mais votados.

• *Incluído pela Resolução CNE nº 29/2009.*

Art. 4º-B. São órgãos de cada TJD o Tribunal Pleno e as Comissões Disciplinares.

• *Incluído pela Resolução CNE nº 29/2009.*

Art. 5º. Cada TJD compõe-se de nove membros, denominados auditores, de reconhecido saber jurídico desportivo e de reputação ilibada, sendo:

• *Redação dada pela Resolução CNE nº 29/2009.*

I – dois indicados pela entidade regional de administração de desporto;

II – dois indicados pelas entidades de prática desportiva que participem da principal competição da entidade regional de administração do desporto;

III – dois advogados indicados pela Ordem dos Advogados do Brasil, por intermédio da seção correspondente à territorialidade;

IV – um representante dos árbitros, indicado por entidade representativa; e

• *Alterado pela Resolução CNE nº 11/2006 e Resolução CNE nº 13/2006.*

V – dois representantes dos atletas, indicados por entidade representativa.

• *Alterado pela Resolução CNE nº 11/2006 e Resolução CNE nº 13/2006.*

Art. 5º-A. Para apreciação de matérias relativas a competições regionais e municipais, funcionarão perante cada TJD, como primeiro grau de jurisdição, tantas Comissões Disciplinares Regionais quantas se fizerem necessárias, conforme disposto no regimento interno do TJD, compostas, cada uma, por cinco auditores, de reconhecido saber jurídico desportivo e de reputação ilibada, que não pertençam ao Tribunal Pleno do respectivo TJD.

• *Incluído pela Resolução CNE nº 29/2009.*

§ 1º. Os auditores das Comissões Disciplinares serão indicados pela maioria dos membros do Tribunal Pleno do TJD, a partir de sugestões de nomes apresentados por qualquer auditor do Tribunal Pleno do TJD, devendo o Presidente do Tribunal Pleno do TJD preparar lista, com todos os nomes sugeridos, em ordem alfabética.

• *Incluído pela Resolução CNE nº 29/2009.*

§ 2º. Cada auditor do Tribunal Pleno do TJD deverá, a partir da lista mencionada no § 1º, escolher um nome por vaga a ser preenchida, e os indicados para compor a Comissão Disciplinar serão aqueles que obtiverem o maior número de votos, prevalecendo o mais idoso, em caso de empate.

• *Incluído pela Resolução CNE nº 29/2009.*

§ 3º. Caso haja mais de uma vaga a ser preenchida em uma ou mais Comissões Disciplinares, a distribuição dos auditores nas diferentes vagas e Comissões Disciplinares far-se-á de modo sucessivo, preenchendo-se primeiro as vagas da primeira Comissão Disciplinar, e posteriormente as vagas das Comissões Disciplinares de numeração subsequente, caso existentes.

• *Incluído pela Resolução CNE nº 29/2009.*

Art. 6º. (Revogado).

• *Revogado pela Resolução CNE nº 29/2009.*

Art. 7º. Os órgãos judicantes só poderão deliberar e julgar com a presença da maioria de seus auditores, excetuadas as hipóteses de julgamento monocrático admitidas por este Código.

• *Redação dada pela Resolução CNE nº 29/2009.*

Art. 8º. Os órgãos enumerados no art. 3º serão dirigidos por um Presidente e um Vice-Presidente, eleitos pela maioria de seus membros.

• *Alterado pela Resolução CNE nº 11/2006 e Resolução CNE nº 13/2006.*

Parágrafo único. A Presidência e a Vice-Presidência do STJD e do TJD serão exercidas pelos respectivos Presidentes e Vice-Presidentes de seus Tribunais Plenos.

• *Redação dada pela Resolução CNE nº 29/2009.*

Art. 8º-A. Em caso de vacância na Presidência do órgão judicante, o Vice-Presidente assumirá imediatamente o cargo vago, que será exercido até o término do mandato a que se encontrava vinculado o Presidente substituído.

• *Incluído pela Resolução CNE nº 29/2009.*

Parágrafo único. Ao assumir a Presidência do órgão judicante, o Vice-Presidente terá a incumbência de convocar sessão, a ser realizada no prazo máximo de trinta dias, com o fim de preencher a Vice-Presidência, que será exercida até o término do mandato a que se encontrava vinculado o até então Vice-Presidente.

• *Incluído pela Resolução CNE nº 29/2009.*

Art. 8º-B. No caso de vacância concomitante na Presidência e na Vice-Presidência do órgão judicante, a Presidência será temporariamente exercida pelo auditor mais antigo, e a Vice-Presidência, pelo segundo auditor mais antigo.

• *Incluído pela Resolução CNE nº 29/2009.*

§ 1º. O auditor que assumir temporariamente a Presidência terá a incumbência de convocar sessão, a ser realizada no prazo máximo de trinta dias, com o fim de preencher os cargos vagos.

• *Incluído pela Resolução CNE nº 29/2009.*

§ 2º. Os auditores eleitos ocuparão os cargos a que se refere o *caput* até o término dos mandatos a que se encontravam vinculados os auditores substituídos.

• *Incluído pela Resolução CNE nº 29/2009.*

Capítulo II – Do Presidente e do Vice-Presidente do STJD, dos Tribunais e das Comissões Disciplinares

Art. 9º. São atribuições do Presidente do Tribunal (STJD ou TJD), além das que lhe forem conferidas pela lei, por este Código ou regimento interno:

• *Redação dada pela Resolução CNE nº 29/2009.*

I – zelar pelo perfeito funcionamento do Tribunal e fazer cumprir suas decisões;

II – ordenar a restauração de autos;

III – dar imediata ciência, por escrito, das vagas verificadas no Tribunal ao Presidente da entidade indicante;

IV – determinar sindicâncias e aplicar sanções aos funcionários do Tribunal, conforme disposto no regimento interno;

• *Redação dada pela Resolução CNE nº 29/2009.*

V – sortear os relatores dos processos de competência do Tribunal Pleno;

• *Redação dada pela Resolução CNE nº 29/2009.*

VI – dar publicidade às decisões prolatadas;

VII – representar o Tribunal nas solenidades e atos oficiais, podendo delegar essa função a qualquer dos auditores;

• *Redação dada pela Resolução CNE nº 29/2009.*

VIII – designar dia e hora para as sessões ordinárias e extraordinárias e dirigir os trabalhos;

IX – dar posse aos auditores do Tribunal Pleno e das Comissões Disciplinares, bem como aos secretários;

• *Redação dada pela Resolução CNE nº 29/2009.*

X – exigir da entidade de administração o ressarcimento das despesas correntes e dos custos de funcionamento do Tribunal e prestar-lhe contas;

XI – receber, processar e examinar os requisitos de admissibilidade dos recursos provenientes da instância imediatamente inferior;

• *Redação dada pela Resolução CNE nº 29/2009.*

XII – (Revogado).

• *Revogado pela Resolução CNE nº 29/2009.*

XIII – conceder licença do exercício de suas funções aos auditores, inclusive aos das Comissões Disciplinares, secretários e demais auxiliares;

• *Redação dada pela Resolução CNE nº 29/2009.*

XIV – exercer outras atribuições quando delegadas pelo Tribunal;

• *Redação dada pela Resolução CNE nº 29/2009.*

§ 1º. (Revogado).

• *Revogado pela Resolução CNE nº 29/2009.*

§ 2º. (Revogado).

• *Revogado pela Resolução CNE nº 29/2009.*

§ 3º. (Revogado).

• *Revogado pela Resolução CNE nº 29/2009.*

XV – determinar períodos de recesso do Tribunal;

• *Incluído pela Resolução CNE nº 29/2009.*

XVI – criar comissões especiais e designar auditores para o cumprimento de funções específicas de interesse do Tribunal.

• *Incluído pela Resolução CNE nº 29/2009.*

Art. 10. Compete ao Vice-Presidente:

I – substituir o Presidente nas ausências ou impedimentos eventuais e definitivamente quando da vacância da Presidência;

• *Redação dada pela Resolução CNE nº 29/2009.*

II – exercer as funções de Corregedor, na forma do regimento interno.

• *Redação dada pela Resolução CNE nº 29/2009.*

III – (Revogado).

• *Revogado pela Resolução CNE nº 29/2009.*

Art. 10-A. No caso de ausência ou impedimento eventuais concomitantes do Presidente e do Vice-Presidente do órgão judicante, a Presidência será temporariamente exercida pelo auditor mais antigo, ao passo que a Vice-Presidência será temporariamente ocupada pelo segundo auditor mais antigo, salvo disposição diversa do regimento interno do Tribunal (STJD ou TJD).

- *Incluído pela Resolução CNE nº 29/2009.*

Art. 10-B. No caso de impetração de mandado de garantia em que o Presidente do STJD figure como autoridade coatora, competirá ao Vice-Presidente do STJD praticar todos os atos processuais de atribuição do Presidente do STJD.

- *Incluído pela Resolução CNE nº 29/2009.*

Parágrafo único. Quando o Vice-Presidente do STJD estiver afastado, impedido ou der-se por suspeito para a prática dos atos a que se refere este artigo, o auditor mais antigo do Tribunal Pleno do STJD cumprirá as atribuições ali mencionadas.

- *Incluído pela Resolução CNE nº 29/2009.*

Art. 10-C. Os Presidentes das Comissões Disciplinares terão, no que for compatível, as mesmas atribuições dos art. 9º, I, V, VI, VII, VIII e XIV, e os Vice-Presidentes, a mesma atribuição do art. 10, I.

- *Incluído pela Resolução CNE nº 29/2009.*

Art. 10-D. Salvo disposição diversa do regimento interno do Tribunal (STJD ou TJD), os mandatos dos Presidentes e Vice-Presidentes do Tribunal Pleno e das Comissões Disciplinares serão de dois anos, autorizadas reeleições.

- *Incluído pela Resolução CNE nº 29/2009.*

Capítulo III – Dos Auditores

Art. 11. O Presidente do Tribunal (STJD ou TJD) dará posse aos auditores do Tribunal Pleno e das Comissões Disciplinares.

- *Redação dada pela Resolução CNE nº 29/2009.*

§ 1º. A posse dos auditores do Tribunal Pleno dar-se-á na primeira sessão subsequente ao recebimento, pelo Presidente do Tribunal (STJD ou TJD), da indicação pela entidade a quem competir o preenchimento do cargo.

- *Incluído pela Resolução CNE nº 29/2009.*

§ 2º. A posse dos auditores das Comissões Disciplinares dar-se-á na primeira sessão subsequente à aceitação, pelo contemplado, da indicação feita pelo Tribunal Pleno do Tribunal (STJD ou TJD).

- *Incluído pela Resolução CNE nº 29/2009.*

§ 3º. No caso de o auditor indicado, ao Tribunal Pleno ou a Comissão Disciplinar, mesmo que não empossado, deixar de comparecer ao número de sessões necessário à declaração de vacância do cargo, haverá nova indicação pela mesma entidade, salvo justo motivo para as ausências, assim considerado pelo Tribunal Pleno (STJD ou TJD).

- *Incluído pela Resolução CNE nº 29/2009.*

Art. 12. O mandato dos auditores terá a duração máxima permitida pela legislação brasileira, assim como poderá haver tantas reconduções quantas forem legalmente admitidas.

- *Redação dada pela Resolução CNE nº 29/2009.*

Art. 13. A antiguidade dos auditores conta-se da data da posse.

- *Redação dada pela Resolução CNE nº 29/2009.*

Parágrafo único. Quando a posse houver ocorrido na mesma data, considerar-se-á mais antigo o auditor que tiver maior número de mandatos; se persistir o empate, considerar-se-á mais antigo o auditor mais idoso.

- *Incluído pela Resolução CNE nº 29/2009.*

Art. 14. Ocorre vacância do cargo de auditor:

I – pela morte ou renúncia;

II – pelo não-comparecimento a cinco sessões consecutivas, salvo se devidamente justificado;

- *Redação dada pela Resolução CNE nº 29/2009.*

III – pela incompatibilidade.

- *Redação dada pela Resolução CNE nº 29/2009.*

!V – (Revogado).

- *Revogado pela Resolução CNE nº 29/2009.*

Parágrafo único. Ocorre incompatibilidade para o exercício do cargo de auditor:

- *Incluído pela Resolução CNE nº 29/2009.*

I – a partir da condenação criminal, passada em julgado na Justiça Comum, ou disciplinar, passada em julgado na Justiça Desportiva, quando, a critério do Tribunal (STJD ou TJD), conforme decidido por dois terços dos membros de seu Tribunal Pleno, o resultado comprometer a probidade necessária ao desempenho do mandato;

- *Incluído pela Resolução CNE nº 29/2009.*

II – quando o auditor, durante o mandato, incorrer nas hipóteses do art. 16.

- *Incluído pela Resolução CNE nº 29/2009.*

Art. 15. Ocorrendo a vacância do cargo de auditor no Tribunal Pleno, o Presidente do Tribunal (STJD ou TJD), no prazo de cinco dias, comunicará a ocorrência ao órgão indicante competente para preenchê-la.

- *Redação dada pela Resolução CNE nº 29/2009.*

Parágrafo único. (Revogado).

- *Revogado pela Resolução CNE nº 29/2009.*

§ 1º. Decorridos trinta dias do recebimento da comunicação, se o órgão indicante competente não houver preenchido a vaga, o respectivo Tribunal (STJD ou TJD) designará substituto para ocupar, interinamente, o cargo até a efetiva indicação.

- *Incluído pela Resolução CNE nº 29/2009.*

§ 2º. A comunicação a que se refere este artigo far-se-á pela mesma forma das citações e intimações.

- *Incluído pela Resolução CNE nº 29/2009.*

§ 3º. O descumprimento deste artigo pelo Presidente do Tribunal (STJD ou TJD) ensejará a aplicação da penalidade prevista no art. 239.

- *Incluído pela Resolução CNE nº 29/2009.*

Art. 15-A. Ocorrendo a vacância do cargo de auditor em Comissão Disciplinar, o Presidente da respectiva Comissão Disciplinar comunicará, no prazo de cinco dias, a ocorrência ao Presidente do Tribunal (STJD ou TJD), e o Tribunal Pleno procederá na forma dos arts. 4º-A e 5º-A, conforme o caso, na primeira sessão subsequente à vacância.

- *Incluído pela Resolução CNE nº 29/2009.*

Parágrafo único. O descumprimento deste artigo pelo Presidente da Comissão Disciplinar ensejará a aplicação da penalidade prevista no art. 239.

• *Incluído pela Resolução CNE nº 29/2009.*

Art. 15-B. Os auditores poderão afastar-se temporariamente de suas funções, pelo tempo que se fizer necessário, conforme licença a ser concedida pelo Presidente do Tribunal (STJD ou TJD), o que não interrompe nem suspende o transcurso do prazo de exercício do mandato.

• *Incluído pela Resolução CNE nº 29/2009.*

§ 1º. Durante a licença dos auditores de Comissões Disciplinares, os respectivos órgãos judicantes deverão indicar auditor substituto para a composição temporária do colegiado, conforme o procedimento previsto nos arts. 4º-A e 5º-A, conforme o caso.

• *Incluído pela Resolução CNE nº 29/2009.*

§ 2º. Durante a licença de auditor de Tribunal Pleno, o auditor substituto será indicado pela mesma entidade elencada nos arts. 4º e 5º, conforme o caso, que tiver indicado o auditor licenciado.

• *Incluído pela Resolução CNE nº 29/2009.*

Art. 16. Respeitadas as exceções da lei, é vedado o exercício de função na Justiça Desportiva:

a) (Revogado).

• *Revogado pela Resolução CNE nº 29/2009.*

b) (Revogado).

• *Revogado pela Resolução CNE nº 29/2009.*

c) (Revogado).

• *Revogado pela Resolução CNE nº 29/2009.*

I – aos dirigentes das entidades de administração do desporto;

• *Incluído pela Resolução CNE nº 29/2009.*

II – aos dirigentes das entidades de prática desportiva.

• *Incluído pela Resolução CNE nº 29/2009.*

Art. 17. Não podem integrar concomitantemente o Tribunal Pleno, ou uma mesma Comissão Disciplinar, auditores que tenham parentesco na linha ascendente ou descendente, nem auditor que seja cônjuge, companheiro, irmão, tio, sobrinho, sogro, padrasto, enteado ou cunhado, durante o cunhadio, de outro auditor.

• *Redação dada pela Resolução CNE nº 29/2009.*

Art. 18. O auditor fica impedido de atuar no processo:

• *Redação dada pela Resolução CNE nº 29/2009.*

I – quando for credor, devedor, avalista, fiador, patrono, sócio, acionista, empregador ou empregado, direta ou indiretamente, de qualquer das partes;

• *Redação dada pela Resolução CNE nº 29/2009.*

II – quando se manifestar, específica e publicamente, sobre objeto de causa a ser processada ou ainda não julgada pelo órgão judicante;

• *Redação dada pela Resolução CNE nº 29/2009.*

III – quando for parte.

• *Incluído pela Resolução CNE nº 29/2009.*

§ 1º. Os impedimentos a que se refere este artigo devem ser declarados pelo próprio auditor tão logo tome conhecimento do processo; se não o fizer, podem as partes ou a Procuradoria argui-los na primeira oportunidade em que se manifestarem no processo.

§ 2º. Arguido o impedimento, decidirá o respectivo órgão judicante, por maioria.

• *Redação dada pela Resolução CNE nº 29/2009.*

§ 3º. Caso, em decorrência da declaração de impedimento, não se verifique maioria dos auditores do órgão judicante apta a julgar o processo, este terá seu julgamento adiado para a sessão subsequente do órgão judicante.

• *Redação dada pela Resolução CNE nº 29/2009.*

§ 4º. Uma vez declarado o impedimento, o auditor impedido não poderá a partir de então praticar qualquer outro ato no processo em referência.

• *Incluído pela Resolução CNE nº 29/2009.*

§ 5º. O impedimento a que se refere este artigo não se aplica na hipótese de o auditor ser associado ou conselheiro de entidade de prática desportiva.

• *Incluído pela Resolução CNE nº 29/2009.*

Art. 19. Compete ao auditor, além das atribuições conferidas por este Código e pelo respectivo regimento interno:

I – comparecer, obrigatoriamente, às sessões e audiências com a antecedência mínima de vinte minutos, quando regularmente convocado;

II – empenhar-se no sentido da estrita observância das leis, do contido neste Código e zelar pelo prestígio das instituições desportivas;

III – manifestar-se rigorosamente dentro dos prazos processuais;

IV – representar contra qualquer irregularidade, infração disciplinar ou sobre fatos ocorridos nas competições dos quais tenha tido conhecimento;

V – apreciar, livremente, a prova dos autos, tendo em vista, sobretudo, o interesse do desporto, fundamentando, obrigatoriamente, a sua decisão.

VI – (Revogado).

• *Revogado pela Resolução CNE nº 29/2009.*

Art. 20. O auditor, sempre que entender necessário para o exercício de suas funções, terá acesso a todas as dependências do local, seja público ou particular, onde estiver sendo realizada qualquer competição da modalidade do órgão judicante a que pertença, à exceção do local efetivo da disputa da partida, prova ou equivalente, devendo ser-lhe reservado assento em setor designado para as autoridades desportivas ou não.

• *Redação dada pela Resolução CNE nº 29/2009.*

Parágrafo único. O acesso a que se refere este artigo somente será garantido se informado pelo respectivo órgão judicante à entidade mandante da partida, prova ou equivalente, com antecedência mínima de quarenta e oito horas.

• *Redação dada pela Resolução CNE nº 29/2009.*

Capítulo IV – Da Procuradoria da Justiça Desportiva

Art. 21. A Procuradoria da Justiça Desportiva destina-se a promover a responsabilidade das pessoas naturais ou jurídicas que violarem as disposições deste Código, exercida por procuradores nomeados pelo respectivo Tribunal (STJD ou TJD), aos quais compete:

- *Redação dada pela Resolução CNE nº 29/2009.*

I – oferecer denúncia, nos casos previstos em lei ou neste Código;

- *Alterado pela Resolução CNE nº 11/2006 e Resolução CNE nº 13/2006.*

II – dar parecer nos processos de competência do órgão judicante aos quais estejam vinculados, conforme atribuição funcional definida em regimento interno;

- *Redação dada pela Resolução CNE nº 29/2009.*

III – formalizar as providências legais e processuais e acompanhá-las em seus trâmites;

- *Redação dada pela Resolução CNE nº 29/2009.*

IV – requerer vistas dos autos;

- *Alterado pela Resolução CNE nº 11/2006 e Resolução CNE nº 13/2006.*

V – interpor recursos nos casos previstos em lei ou neste Código ou propor medidas que visem à preservação dos princípios que regem a Justiça Desportiva;

- *Incluído pela Resolução CNE nº 11/2006 e Resolução CNE nº 13/2006.*

VI – requerer a instauração de inquérito;

- *Incluído pela Resolução CNE nº 11/2006 e Resolução CNE nº 13/2006.*

VII – exercer outras atribuições que lhe forem conferidas por lei, por este Código ou regimento interno.

- *Incluído pela Resolução CNE nº 11/2006 e Resolução CNE nº 13/2006.*

§ 1º. A Procuradoria será dirigida por um Procurador-Geral, escolhido por votação da maioria absoluta do Tribunal Pleno dentre três nomes de livre indicação da respectiva entidade de administração do desporto.

- *Incluído pela Resolução CNE nº 29/2009.*

§ 2º. O mandato do Procurador-Geral será idêntico ao estabelecido para o Presidente do Tribunal (STJD ou TJD).

- *Incluído pela Resolução CNE nº 29/2009.*

§ 3º. O Procurador-Geral poderá ser destituído de suas funções pelo voto da maioria absoluta do Tribunal Pleno, a partir de manifestação fundamentada e subscrita por pelo menos quatro auditores do Tribunal Pleno.

- *Incluído pela Resolução CNE nº 29/2009.*

Art. 22. Aplica-se aos procuradores o disposto nos artigos 14, 16, 18 e 20.

- *Redação dada pela Resolução CNE nº 29/2009.*

Capítulo V – Da Secretaria

Art. 23. São atribuições da Secretaria, além das estabelecidas neste Código e no regimento interno do respectivo Tribunal (STJD ou TJD):

- *Redação dada pela Resolução CNE nº 29/2009.*

I – receber, registrar, protocolar e autuar os termos da denúncia e outros documentos enviados aos órgãos judicantes, e encaminhá-los, imediatamente, ao Presidente do Tribunal (STJD ou TJD), para determinação procedimental;

- *Redação dada pela Resolução CNE nº 29/2009.*

II – convocar os auditores para as sessões designadas, bem como cumprir os atos de citações e intimações das partes, testemunhas e outros, quando determinados;

• *Incluído pela Resolução CNE nº 11/2006 e Resolução CNE nº 13/2006.*

III – atender a todos os expedientes dos órgãos judicantes;

• *Incluído pela Resolução CNE nº 11/2006 e Resolução CNE nº 13/2006.*

IV – prestar às partes interessadas as informações relativas ao andamento dos processos;

• *Incluído pela Resolução CNE nº 11/2006 e Resolução CNE nº 13/2006.*

V – ter em boa guarda todo o arquivo da Secretaria constante de livros, papéis e processos;

• *Incluído pela Resolução CNE nº 11/2006 e Resolução CNE nº 13/2006.*

VI – expedir certidões por determinação dos Presidentes dos órgãos judicantes;

• *Redação dada pela Resolução CNE nº 29/2009.*

VII – receber, protocolar e registrar os recursos interpostos.

• *Incluído pela Resolução CNE nº 11/2006 e Resolução CNE nº 13/2006.*

TÍTULO II – DA JURISDIÇÃO E DA COMPETÊNCIA

Capítulo I – Disposições Gerais

Art. 24. Os órgãos da Justiça Desportiva, nos limites da jurisdição territorial de cada entidade de administração do desporto e da respectiva modalidade, têm competência para processar e julgar matérias referentes às competições desportivas disputadas e às infrações disciplinares cometidas pelas pessoas naturais ou jurídicas mencionadas no art. 1º, § 1º.

• *Redação dada pela Resolução CNE nº 29/2009.*

Capítulo II – Do Superior Tribunal de Justiça Desportiva

Art. 25. Compete ao Tribunal Pleno do STJD:

• *Redação dada pela Resolução CNE nº 29/2009.*

I – processar e julgar, originariamente:

a) seus auditores, os das Comissões Disciplinares do STJD e os procuradores que atuam perante o STJD;

• *Redação dada pela Resolução CNE nº 29/2009.*

b) os litígios entre entidades regionais de administração do desporto;

c) os membros de poderes e órgãos da entidade nacional de administração do desporto;

d) os mandados de garantia contra atos ou omissões de dirigentes ou administradores das entidades nacionais de administração do desporto, de Presidente de TJD e de outras autoridades desportivas;

• *Redação dada pela Resolução CNE nº 29/2009.*

e) a revisão de suas próprias decisões e as de suas Comissões Disciplinares;

f) os pedidos de reabilitação;

g) os conflitos de competência entre Tribunais de Justiça Desportiva;

h) os pedidos de impugnação de partida, prova ou equivalente referentes a competições que estejam sob sua jurisdição;

• *Redação dada pela Resolução CNE nº 29/2009.*

i) as medidas inominadas previstas no art. 119, quando a matéria for de competência do STJD;

• *Incluído pela Resolução CNE nº 29/2009.*

j) as ocorrências em partidas ou competições internacionais amistosas disputadas pelas seleções representantes da entidade nacional de administração do desporto, exceto se procedimento diverso for previsto em norma internacional aceita pela respectiva modalidade;

• *Incluído pela Resolução CNE nº 29/2009.*

II – julgar, em grau de recurso:

a) as decisões de suas Comissões Disciplinares e dos Tribunais de Justiça Desportiva:

b) os atos e despachos do Presidente do STJD;

• *Redação dada pela Resolução CNE nº 29/2009.*

c) as penalidades aplicadas pela entidade nacional de administração do desporto, ou pelas entidades de prática desportiva que lhe sejam filiadas, que imponham sanção administrativa de suspensão, desfiliação ou desvinculação;

• *Redação dada pela Resolução CNE nº 29/2009.*

III – declarar os impedimentos e incompatibilidades de seus auditores e dos procuradores que atuam perante o STJD;

• *Redação dada pela Resolução CNE nº 29/2009.*

IV – criar Comissões Disciplinares, indicar seus auditores, destituí-los e declarar sua incompatibilidade;

• *Redação dada pela Resolução CNE nº 29/2009.*

V – instaurar inquéritos;

VI – uniformizar a interpretação deste Código e da legislação desportiva a ele correlata, mediante o estabelecimento de súmulas de jurisprudência predominante, vinculantes ou não, editadas na forma do art. 119-A;

• *Redação dada pela Resolução CNE nº 29/2009.*

VII – requisitar ou solicitar informações para esclarecimento de matéria submetida à sua apreciação;

VIII – expedir instruções às Comissões Disciplinares do STJD e aos Tribunais de Justiça Desportiva;

• *Redação dada pela Resolução CNE nº 29/2009.*

IX – elaborar e aprovar o seu regimento interno;

X – declarar a vacância do cargo de seus auditores e procuradores;

XI – deliberar sobre casos omissos;

XII – avocar, processar e julgar, de ofício ou a requerimento da Procuradoria, em situações excepcionais de morosidade injustificada, quaisquer medidas que tramitem nas instâncias da Justiça Desportiva, para evitar negativa ou descontinuidade de prestação jurisdicional desportiva.

- *Incluído pela Resolução CNE nº 29/2009.*

Parágrafo único. (Revogado).

- *Revogado pela Resolução CNE nº 29/2009.*

Capítulo III – Das Comissões Disciplinares do STJD

Art. 26. Compete às Comissões Disciplinares do STJD:

- *Redação dada pela Resolução CNE nº 29/2009.*

I – processar e julgar as ocorrências em competições interestaduais e nacionais promovidas, organizadas ou autorizadas por entidade nacional de administração do desporto, e em partidas ou competições internacionais amistosas disputadas por entidades de prática desportiva;

- *Redação dada pela Resolução CNE nº 29/2009.*

II – processar e julgar o descumprimento de resoluções, decisões ou deliberações do STJD ou infrações praticadas contra seus membros, por parte de pessoas naturais ou jurídicas mencionadas no art. 1º, § 1º, deste Código;

- *Redação dada pela Resolução CNE nº 29/2009.*

III – declarar os impedimentos de seus auditores.

- *Incluído pela Resolução CNE nº 11/2006 e Resolução CNE nº 13/2006.*

Capítulo IV – Dos Tribunais de Justiça Desportiva

Art. 27. Compete ao Tribunal Pleno de cada TJD:

- *Redação dada pela Resolução CNE nº 29/2009.*

I – processar e julgar, originariamente:

a) os seus auditores, os das Comissões Disciplinares do TJD e os procuradores que atuam perante o TJD;

- *Redação dada pela Resolução CNE nº 29/2009.*

b) os mandados de garantia contra atos ou omissões de dirigentes ou administradores dos poderes das entidades regionais de administração do desporto;

- *Redação dada pela Resolução CNE nº 29/2009.*

c) os dirigentes da entidade regional de administração do desporto;

- *Redação dada pela Resolução CNE nº 29/2009.*

d) a revisão de suas próprias decisões e as de suas Comissões Disciplinares;

e) os pedidos de reabilitação;

f) os pedidos de impugnação de partida, prova ou equivalente referentes a competições que estejam sob sua jurisdição;

- *Redação dada pela Resolução CNE nº 29/2009.*

g) as medidas inominadas previstas no art. 119, quando a matéria for de competência do TJD;

- *Incluído pela Resolução CNE nº 29/2009.*

II – julgar, em grau de recurso:

a) as decisões de suas Comissões Disciplinares;

b) os atos e despachos do Presidente do TJD;

• *Redação dada pela Resolução CNE nº 29/2009.*

c) as penalidades aplicadas pela entidade regional de administração do desporto, ou pelas entidades de prática desportiva que lhe sejam filiadas, que imponham sanção administrativa de suspensão, desfiliação ou desvinculação;

• *Redação dada pela Resolução CNE nº 29/2009.*

III – declarar os impedimentos e incompatibilidades de seus auditores e dos procuradores que atuam perante o TJD;

• *Redação dada pela Resolução CNE nº 29/2009.*

IV – criar Comissões Disciplinares e indicar os auditores, podendo instituí-las para que funcionem junto às ligas constituídas na forma da legislação em vigor;

• *Redação dada pela Resolução CNE nº 29/2009.*

V – destituir e declarar a incompatibilidade dos auditores das Comissões Disciplinares;

• *Redação dada pela Resolução CNE nº 29/2009.*

VI – instaurar inquéritos;

VII – requisitar ou solicitar informações para esclarecimento de matéria submetida a sua apreciação;

VIII – elaborar e aprovar o seu Regimento Interno;

IX – declarar vacância do cargo de seus auditores e procuradores;

• *Redação dada pela Resolução CNE nº 29/2009.*

X – deliberar sobre casos omissos.

• *Incluído pela Resolução CNE nº 29/2009.*

Art. 28. Compete às Comissões Disciplinares de cada TJD:

• *Redação dada pela Resolução CNE nº 29/2009.*

I – processar e julgar as infrações disciplinares e demais ocorrências havidas em competições promovidas, organizadas ou autorizadas pela respectiva entidade regional de administração do desporto;

• *Incluído pela Resolução CNE nº 29/2009.*

II – processar e julgar o descumprimento de resoluções, decisões ou deliberações do TJD ou infrações praticadas contra seus membros, por parte de pessoas naturais ou jurídicas mencionadas no art. 1º, § 1º, deste Código.

• *Incluído pela Resolução CNE nº 29/2009.*

III – declarar os impedimentos de seus auditores.

• *Incluído pela Resolução CNE nº 29/2009.*

Capítulo V – Dos Defensores

Art. 29. Qualquer pessoa maior e capaz é livre para postular em causa própria ou fazer-se representar por advogado regularmente inscrito na Ordem dos Advogados do Brasil, observados os impedimentos legais.

• *Redação dada pela Resolução CNE nº 29/2009.*

§ 1º. O estagiário de advocacia regularmente inscrito na Ordem dos Advogados do Brasil poderá sustentar oralmente, desde que instruído por advogado regularmente inscrito na Ordem dos Advogados do Brasil.

• *Incluído pela Resolução CNE nº 29/2009.*

§ 2º. A instrução a que se refere o § 1º deverá ser comprovada mediante declaração por escrito do advogado, que assumirá a responsabilidade pela sustentação oral do estagiário.

• *Incluído pela Resolução CNE nº 29/2009.*

Art. 30. A representação de que trata o art. 29, *caput,* habilita o defensor a intervir no processo, até o final e em qualquer grau de jurisdição, podendo as entidades de administração do desporto e de prática desportiva credenciar defensores para atuar em seu favor, de seus dirigentes, atletas e outras pessoas que lhes forem subordinadas, salvo quando colidentes os interesses.

• *Redação dada pela Resolução CNE nº 29/2009.*

Parágrafo único. Ainda que não colidentes os interesses, é lícita a qualquer das pessoas mencionadas neste artigo a nomeação de outro defensor.

Art. 31. O STJD e o TJD, por meio das suas Presidências, deverão nomear defensores dativos para exercer a defesa técnica de qualquer pessoa natural ou jurídica que assim o requeira expressamente, bem como de qualquer atleta menor de dezoito anos de idade, independentemente de requerimento.

• *Redação dada pela Resolução CNE nº 29/2009.*

Art. 32. (Revogado)

• *Revogado pela Resolução CNE nº 29/2009.*

TÍTULO III – DO PROCESSO DESPORTIVO

Capítulo I – Das Disposições Gerais

Art. 33. O processo desportivo, instrumento pelo qual os órgãos judicantes aplicam o direito desportivo aos casos concretos, será iniciado na forma prevista neste Código e será desenvolvido por impulso oficial.

Parágrafo único. O órgão judicante poderá declarar extinto o processo, de ofício ou a requerimento de qualquer interessado, quando exaurida sua finalidade ou quando houver a perda do objeto.

• *Redação dada pela Resolução CNE nº 29/2009.*

Art. 34. O processo desportivo observará os procedimentos sumário ou especial, regendo-se ambos pelas disposições que lhes são próprias e aplicando-se-lhes, obrigatoriamente, os princípios gerais de direito.

§ 1º. O procedimento sumário aplica-se aos processos disciplinares.

§ 2º. O procedimento especial aplica-se:

• *Redação dada pela Resolução CNE nº 29/2009.*

I – ao inquérito;

II – à impugnação de partida, prova ou equivalente;

• *Redação dada pela Resolução CNE nº 29/2009.*

III – ao mandado de garantia;

IV – à reabilitação;

V – à dopagem, caso inexista legislação procedimental aplicável à modalidade;

• *Redação dada pela Resolução CNE nº 29/2009.*

VI – (Revogado).

• *Revogado pela Resolução CNE nº 29/2009.*

VII – à suspensão, desfiliação ou desvinculação imposta pelas entidades de administração ou de prática desportiva;

VIII – à revisão;

IX – às medidas inominadas do art. 119;

• *Redação dada pela Resolução CNE nº 29/2009.*

X – à transação disciplinar desportiva.

• *Incluído pela Resolução CNE nº 29/2009.*

Capítulo II – Da Suspensão Preventiva

Art. 35. Poderá haver suspensão preventiva quando a gravidade do ato ou fato infracional a justifique, ou em hipóteses de excepcional e fundada necessidade, desde que requerida pela Procuradoria, mediante despacho fundamentado do Presidente do Tribunal (STJD ou TJD), ou quando expressamente determinado por lei ou por este Código.

• *Redação dada pela Resolução CNE nº 29/2009.*

§ 1º. O prazo da suspensão preventiva, limitado a trinta dias, deverá ser compensado no caso de punição.

• *Incluído pela Resolução CNE nº 11/2006 e Resolução CNE nº 13/2006.*

§ 2º. A suspensão preventiva não poderá ser restabelecida em grau de recurso.

• *Incluído pela Resolução CNE nº 11/2006 e Resolução CNE nº 13/2006.*

Capítulo III – Dos Atos Processuais

Art. 36. Os atos do processo desportivo não dependem de forma determinada senão quando este Código expressamente o exigir, reputando-se válidos os que, realizados de outro modo, atendam à sua finalidade essencial.

• *Redação dada pela Resolução CNE nº 29/2009.*

Parágrafo único. Os órgãos judicantes poderão utilizar meios eletrônicos e procedimentos de tecnologia de informação para dar cumprimento ao princípio da celeridade, respeitados os prazos legais.

• *Incluído pela Resolução CNE nº 29/2009.*

Art. 37. Não correm em segredo os processos em curso perante a Justiça Desportiva, salvo as exceções previstas em lei.

Art. 38. Todas as decisões deverão ser fundamentadas, mesmo que sucintamente.

Art. 39. O acórdão será redigido quando requerido pela parte ou pela Procuradoria, e deverá conter, resumidamente, relatório, fundamentação, parte dispositiva e, quando houver, a divergência.

• *Redação dada pela Resolução CNE nº 29/2009.*

Parágrafo único. O auditor incumbido de redigir o acórdão terá o prazo de dois dias para fazê-lo, devolvendo os autos à Secretaria.

• *Redação dada pela Resolução CNE nº 29/2009.*

Art. 40. As decisões proferidas pelos órgãos da Justiça Desportiva devem ser publicadas na forma da legislação desportiva, podendo, em face do princípio da celeridade, utilizar-se de edital ou qualquer meio eletrônico, especialmente a Internet.

• *Redação dada pela Resolução CNE nº 29/2009.*

Art. 41. A Secretaria do órgão judicante numerará e rubricará todas as folhas dos autos, e fará constar, em notas datadas e rubricadas, os termos de juntada, vista, conclusão e outros.

• *Redação dada pela Resolução CNE nº 29/2009.*

Capítulo IV – Dos Prazos

Art. 42. Os atos relacionados ao processo desportivo serão realizados nos prazos previstos por este Código.

§ 1º. Quando houver omissão, o Presidente do órgão judicante fixará o prazo, tendo em conta a complexidade da causa e do ato a ser praticado, que não poderá exceder a três dias.

§ 2º. Não havendo preceito normativo nem fixação de prazo pelo Presidente do órgão judicante, será de três dias o prazo para a prática de ato processual a cargo da parte.

§ 3º. Nas hipóteses de competições que se realizem ininterruptamente e findem em prazo não superior a vinte dias, o Presidente do órgão judicante fixará o prazo, tendo em conta a complexidade da causa e do ato a ser praticado, que não poderá exceder a três dias.

• *Incluído pela Resolução CNE nº 29/2009.*

Art. 43. Os prazos correrão da intimação ou citação e serão contados excluindo-se o dia do começo e incluindo-se o dia do vencimento, salvo disposição em contrário.

• *Alterado pela Resolução CNE nº 11/2006 e Resolução CNE nº 13/2006.*

§ 1º. Os prazos são contínuos, não se interrompendo ou suspendendo no sábado, domingo e feriado.

§ 2º. Considera-se prorrogado o prazo até o primeiro dia útil se o início ou vencimento cair em sábado, domingo, feriado ou em dia em que não houver expediente normal na sede do órgão judicante.

Art. 44. Decorrido o prazo, extingue-se para a parte e para a Procuradoria, exceto em caso de oferecimento de denúncia, o direito de praticar o ato.

• *Redação dada pela Resolução CNE nº 29/2009.*

Capítulo V – Da Comunicação dos Atos

Art. 45. Citação é o ato processual pelo qual a pessoa natural ou jurídica é convocada para, perante os órgãos judicantes desportivos, comparecer e defender-se das acusações que lhe são imputadas.

• *Redação dada pela Resolução CNE nº 29/2009.*

Art. 46. Intimação é o ato processual pelo qual se dá ciência à pessoa natural ou jurídica dos atos e termos do processo, para que faça ou deixe de fazer alguma coisa.

• *Redação dada pela Resolução CNE nº 29/2009.*

Art. 47. A citação e a intimação far-se-ão por edital instalado em local de fácil acesso localizado na sede do órgão judicante e no sítio eletrônico da respectiva entidade de administração do desporto.

• *Redação dada pela Resolução CNE nº 29/2009.*

Parágrafo único. (Revogado).

• *Revogado pela Resolução CNE nº 29/2009.*

§ 1º. Além da publicação do edital, a citação e a intimação deverão ser realizada por telegrama, fac-símile ou ofício, dirigido à entidade a que o destinatário estiver vinculado.

• *Incluído pela Resolução CNE nº 29/2009.*

§ 2º. Poderão ser utilizados outros meios eletrônicos para efeito do previsto no § 1º, desde que possível a comprovação de entrega.

• *Incluído pela Resolução CNE nº 29/2009.*

Art. 48. O instrumento de citação indicará o nome do citado a entidade a que estiver vinculado, o dia, a hora e o local de comparecimento e a finalidade de sua convocação.

• *Redação dada pela Resolução CNE nº 29/2009.*

Art. 49. O instrumento de intimação indicará o nome do intimado, a entidade a que estiver vinculado, o prazo para realização do ato e finalidade de sua intimação.

• *Redação dada pela Resolução CNE nº 29/2009.*

Art. 50. Feita a citação, por qualquer das formas estabelecidas, o processo terá seguimento, independentemente do comparecimento do citado.

• *Redação dada pela Resolução CNE nº 29/2009.*

Parágrafo único. (Revogado).

• *Revogado pela Resolução CNE nº 29/2009.*

§ 1º. O comparecimento espontâneo da parte supre a falta ou a irregularidade da citação.

• *Incluído pela Resolução CNE nº 29/2009.*

§ 2º. Comparecendo a parte apenas para arguir a falta ou a irregularidade da citação e sendo acolhida, considerar-se-á feita a citação na data do comparecimento, adiando-se o julgamento para a sessão subsequente.

• *Incluído pela Resolução CNE nº 29/2009.*

Art. 51. O intimado que deixar de cumprir a ordem expedida pelo órgão judicante fica sujeito às cominações previstas por este Código.

Art. 51-A. Se a pessoa a ser citada ou intimada não mais estiver vinculada à entidade a que o destinatário estiver vinculado, esta deverá tomar as providências cabíveis para que a citação ou intimação seja tempestivamente recebida por aquela.

• *Incluído pela Resolução CNE nº 29/2009.*

Parágrafo único. Sujeitam-se às penas do art. 220-A, III, a entidade que deixar de tomar as providências mencionadas no *caput*, salvo se demonstrada a impossibilidade de encontrar a pessoa a ser citada ou intimada.

• *Incluído pela Resolução CNE nº 29/2009.*

Capítulo VI – Das Nulidades

Art. 52. Quando prescrita determinada forma, sem cominação de nulidade, o órgão judicante considerará válido o ato se, realizado de outro modo, lhe alcançar a finalidade.

• *Redação dada pela Resolução CNE nº 29/2009.*

Art. 53. A nulidade dos atos deve ser alegada na primeira oportunidade em que couber à parte manifestar-se nos autos e só será declarada se ficar comprovada a inobservância ou violação dos princípios que orientam o processo desportivo.

Parágrafo único. O órgão judicante, ao declarar a nulidade, definirá os atos atingidos, ordenando as providências necessárias, a fim de que sejam repetidos ou retificados.

Art. 54. A nulidade não será declarada:

I – quando se tratar de mera inobservância de formalidade não essencial;

II – quando o processo, no mérito, puder ser resolvido a favor da parte a quem a declaração de nulidade aproveitaria;

III – em favor de quem lhe houver dado causa.

Capítulo VII – Da Intervenção de Terceiro

Art. 55. A intervenção de terceiro poderá ser admitida quando houver legítimo interesse e vinculação direta com a questão discutida no processo, devendo o pedido ser acompanhado da prova de legitimidade, desde que requerido até o dia anterior à sessão de julgamento.

• *Redação dada pela Resolução CNE nº 29/2009.*

Parágrafo único. As entidades de administração do desporto têm a prerrogativa de intervir no processo no estado em que se encontrar.

• *Redação dada pela Resolução CNE nº 29/2009.*

Capítulo VIII – Das Provas

Seção I – Das Disposições Gerais

Art. 56. Todos os meios legais, ainda que não especificados neste Código, são hábeis para provar a verdade dos fatos alegados no processo desportivo.

• *Redação dada pela Resolução CNE nº 29/2009.*

Art. 57. A prova dos fatos alegados no processo desportivo incumbirá à parte que a requerer, arcando esta com os eventuais custos de sua produção.

• *Redação dada pela Resolução CNE nº 29/2009.*

Parágrafo único. Independem de prova os fatos:

I – notórios;

II – alegados por uma parte e confessados pela parte contrária;

III – que gozarem da presunção de veracidade.

Art. 58. A súmula, o relatório e as demais informações prestadas pelos membros da equipe de arbitragem, bem como as informações prestadas pelos representantes da entidade desportiva, ou por quem lhes faça as vezes, gozarão da presunção relativa de veracidade.

• *Redação dada pela Resolução CNE nº 29/2009.*

§ 1º. A presunção de veracidade contida no *caput* deste artigo servirá de base para a formulação da denúncia pela Procuradoria ou como meio de prova, não constituindo verdade absoluta.

§ 2º. Quando houver indício de infração praticada pelas pessoas referidas no *caput*, não se aplica o disposto neste artigo.

§ 3º. Se houver discrepância entre as informações prestadas pelos membros da equipe de arbitragem e pelos representantes da entidade desportiva, ausentes demais meios de convencimento, a presunção de veracidade recairá sobre as informações do árbitro, com relação ao local da disputa de partida, prova ou equivalente, ou sobre as informações dos representantes da entidade desportiva, nas demais hipóteses.

• *Incluído pela Resolução CNE nº 29/2009.*

Art. 58-A. Nos processos disciplinares, o ônus da prova da infração incumbe à Procuradoria.

• *Incluído pela Resolução CNE nº 29/2009.*

Art. 58-B. As decisões disciplinares tomadas pela equipe de arbitragem durante a disputa de partidas, provas ou equivalentes são definitivas, não sendo passíveis de modificação pelos órgãos judicantes da Justiça Desportiva.

• *Incluído pela Resolução CNE nº 29/2009.*

Parágrafo único. Em caso de infrações graves que tenham escapado à atenção da equipe de arbitragem, ou em caso de notório equívoco na aplicação das decisões disciplinares, os órgãos judicantes poderão, excepcionalmente, apenar infrações ocorridas na disputa de partidas, provas ou equivalentes.

• *Incluído pela Resolução CNE nº 29/2009.*

Art. 59. A matéria de prova relativa à dopagem será regulada pela legislação específica.

• *Redação dada pela Resolução CNE nº 29/2009.*

Seção II – Do Depoimento Pessoal

Art. 60. O Presidente do órgão judicante pode, a requerimento da Procuradoria, da parte ou de terceiro interveniente, determinar o comparecimento pessoal da parte a fim de ser interrogada sobre os fatos da causa.

• *Redação dada pela Resolução CNE nº 29/2009.*

§ 1º. O depoimento pessoal deve ser, preferencialmente, tomado no início da sessão de instrução e julgamento.

§ 2º. A parte será interrogada na forma determinada para inquirição de testemunhas.

Seção III – Da Prova Documental

Art. 61. Compete à parte interessada produzir a prova documental que entenda necessária.

Seção IV – Da Exibição de Documento ou Coisa

Art. 62. O Presidente do órgão judicante poderá ordenar, a requerimento motivado da parte, de terceiro interveniente ou da Procuradoria, a exibição de documento ou coisa necessária à apuração dos fatos.

- *Redação dada pela Resolução CNE nº 29/2009.*

Parágrafo único. A desobediência da determinação a que se refere o *caput* implicará as penas previstas no art. 220-A, I, deste Código.

- *Incluído pela Resolução CNE nº 29/2009.*

Seção V – Da Prova Testemunhal

Art. 63. Toda pessoa pode servir como testemunha, exceto o incapaz, o impedido ou o suspeito, assim definidos na lei.

§ 1º. A testemunha assumirá o compromisso de bem servir ao desporto, de dizer a verdade sobre o que souber e lhe for perguntado, devendo qualificar-se e declarar se tem parentesco ou amizade com as partes.

§ 2º. Quando o interesse do desporto o exigir, o órgão judicante ouvirá testemunha incapaz, impedida ou suspeita, mas não lhe deferirá compromisso e dará ao seu depoimento o valor que possa merecer.

Art. 64. Incumbe à parte, até o início da sessão de instrução e julgamento, apresentar suas testemunhas.

§ 1º. É permitido a cada parte apresentar, no máximo, três testemunhas.

§ 2º. Nos processos com mais de três interessados, o número de testemunhas não poderá exceder a nove.

§ 3º. As testemunhas deverão comparecer independentemente de intimação, salvo nos casos previstos nos procedimentos especiais.

§ 4º. É vedado à testemunha trazer o depoimento por escrito, ou fazer apreciações pessoais sobre os fatos testemunhados, salvo quando inseparáveis da respectiva narração.

§ 5º. Os auditores, diretamente, a Procuradoria e as partes, por intermédio do Presidente do órgão judicante, poderão reinquirir as testemunhas.

§ 6º. O relator ouvirá as testemunhas separada e sucessivamente, primeiro, as da Procuradoria e, em seguida, as das partes, providenciando para que uma não ouça os depoimentos das demais.

Seção VI – Dos Meios Audiovisuais

Art. 65. As provas fotográficas, fonográficas, cinematográficas, de vídeo tape e as imagens fixadas por qualquer meio ou processo eletrônico serão apreciadas com a devida cautela, incumbindo à parte que as quiser produzir o pagamento das despesas com as providências que o órgão judicante determinar.

- *Redação dada pela Resolução CNE nº 29/2009.*

Art. 66. A produção das provas previstas no art. 65 deverá ser requerida pela parte até o início da sessão de instrução e julgamento.

- *Redação dada pela Resolução CNE nº 29/2009.*

Art. 67. As provas referidas no art. 65, quando não houver motivo que justifique a sua conservação no processo, poderão ser restituídas, mediante requerimento da parte, depois de ouvida a Procuradoria, desde que devidamente certificado nos autos.

Seção VII – Da Prova Pericial

Art. 68. A prova pericial consiste em exame e vistoria.

Parágrafo único. O Presidente do órgão judicante indeferirá a produção de prova pericial quando:

I – o fato não depender do conhecimento especial de técnico;

II – for desnecessária em vista de outras provas produzidas ou passíveis de produção;

III – for impraticável;

IV – for requerida com fins meramente protelatórios.

Art. 69. Deferida a prova pericial, o Presidente do órgão judicante nomeará perito, formulará quesitos e fixará prazo para apresentação do laudo.

§ 1º. É facultado às partes indicar assistente técnico e formular quesitos, no prazo de vinte e quatro horas.

§ 2º. A nomeação de perito deverá recair sobre pessoa com qualificação técnica comprovada.

• *Alterado pela Resolução CNE nº 11/2006 e Resolução CNE nº 13/2006.*

§ 3º. O prazo para conclusão do laudo será de quarenta e oito horas, podendo o Presidente do órgão judicante prorrogá-lo a pedido do perito, em casos excepcionais.

Seção VIII – Da Inspeção

Art. 70. O relator, de ofício, a requerimento da Procuradoria ou da parte interessada, poderá promover a realização de inspeção, a fim de buscar esclarecimento sobre fato que interesse à decisão da causa, sendo-lhe facultado requerer auxílio de outros auditores.

• *Redação dada pela Resolução CNE nº 29/2009.*

Art. 71. Concluída a inspeção, o relator mandará lavrar auto circunstanciado, mencionando nele tudo quanto for útil ao julgamento da causa.

Capítulo IX – Do Registro e da Distribuição

Art. 72. O registro e a distribuição dos processos submetidos à Justiça Desportiva serão regulados no regimento interno do respectivo Tribunal (STJD ou TJD).

• *Redação dada pela Resolução CNE nº 29/2009.*

TÍTULO IV – DAS ESPÉCIES DO PROCESSO DESPORTIVO

Capítulo I – Do Procedimento Sumário

Art. 73. O procedimento sumário será iniciado privativamente mediante denúncia da Procuradoria e destina-se à aplicação de medidas disciplinares.

• *Redação dada pela Resolução CNE nº 29/2009.*

Art. 74. Qualquer pessoa natural ou jurídica poderá apresentar por escrito notícia de infração disciplinar desportiva à Procuradoria, desde que haja legítimo interesse, acompanhada da prova de legitimidade.

• *Redação dada pela Resolução CNE nº 29/2009.*

Parágrafo único. (Revogado).

• *Revogado pela Resolução CNE nº 29/2009.*

§ 1º. Incumbirá exclusivamente à Procuradoria avaliar a conveniência de promover denúncia a partir da notícia de infração a que se refere este artigo, não se aplicando à hipótese o procedimento do art. 78.

• *Incluído pela Resolução CNE nº 29/2009.*

§ 2º. Caso o procurador designado para avaliar a notícia de infração opine por seu arquivamento, poderá o interessado requerer manifestação do Procurador-Geral, no prazo de três dias, para reexame da matéria.

• *Incluído pela Resolução CNE nº 29/2009.*

§ 3º. Mantida pelo Procurador-Geral a manifestação contrária à denúncia, a notícia de infração será arquivada.

• *Incluído pela Resolução CNE nº 29/2009.*

Art. 75. A súmula e o relatório da competição serão elaborados e entregues pelo árbitro e seus auxiliares dentro do prazo estipulado em lei ou, em sendo omissa, no regulamento.

§ 1º. A inobservância do prazo previsto no *caput* não impedirá o início do processo pela Procuradoria, sem prejuízo de eventual punição dos responsáveis pelo atraso.

§ 2º. A entidade responsável pela organização da competição dará publicidade aos documentos previstos no *caput*, na forma da lei.

Art. 76. A entidade de administração do desporto, quando verificar existência de qualquer irregularidade anotada nos documentos mencionados no art. 75, os remeterá ao respectivo Tribunal (STJD ou TJD), no prazo de três dias, contado do seu recebimento.

• *Redação dada pela Resolução CNE nº 29/2009.*

Art. 77. Recebida e despachada a documentação pelo Presidente do Tribunal (STJD ou TJD), a Secretaria procederá ao registro, encaminhando-a à Procuradoria para manifestação no prazo de dois dias.

• *Redação dada pela Resolução CNE nº 29/2009.*

Art. 78. Se a Procuradoria requerer o arquivamento, o Presidente do Tribunal (STJD ou TJD), considerando procedentes as razões invocadas, determinará o arquivamento do processo, em decisão fundamentada.

• *Redação dada pela Resolução CNE nº 29/2009.*

§ 1º. Se o Presidente do Tribunal (STJD ou TJD) considerar improcedentes as razões invocadas, fará remessa dos autos a outro procurador, para reexame da matéria.

• *Redação dada pela Resolução CNE nº 29/2009.*

§ 2º. Mantida a manifestação contrária à denúncia, os autos serão arquivados.

§ 3º. (Revogado).

• *Revogado pela Resolução CNE nº 29/2009.*

I – (Revogado).

• *Revogado pela Resolução CNE nº 29/2009.*

II – (Revogado).

• *Revogado pela Resolução CNE nº 29/2009.*

III – (Revogado).

• *Revogado pela Resolução CNE nº 29/2009.*

IV – (Revogado).

• *Revogado pela Resolução CNE nº 29/2009.*

§ 4º. (Revogado).

• *Revogado pela Resolução CNE nº 29/2009.*

Art. 78-A. Recebida a denúncia, os autos serão conclusos ao Presidente do respectivo Tribunal (STJD ou TJD) que, no prazo de dois dias a contar de seu recebimento:

• *Incluído pela Resolução CNE nº 29/2009.*

I – sorteará relator;

• *Incluído pela Resolução CNE nº 29/2009.*

II – analisará a incidência da suspensão preventiva, caso já não tenha sido determinada;

• *Incluído pela Resolução CNE nº 29/2009.*

III – designará dia e hora da sessão de instrução e julgamento;

• *Incluído pela Resolução CNE nº 29/2009.*

IV – determinará o cumprimento dos atos de comunicação processual e demais providências cabíveis.

• *Incluído pela Resolução CNE nº 29/2009.*

Parágrafo único. Sendo de competência da Comissão Disciplinar o processamento da denúncia, será a ela encaminhada, procedendo o Presidente da Comissão Disciplinar na forma dos incisos I, III e IV deste artigo.

• *Incluído pela Resolução CNE nº 29/2009.*

Art. 78-B. O regimento interno dos Tribunais (TJD ou STJD) poderá atribuir aos Presidentes de Comissões Disciplinares os trâmites processuais estabelecidos pelos arts. 77, 78 e 78-A.

• *Incluído pela Resolução CNE nº 29/2009.*

Art. 79. A denúncia deverá conter:

I – descrição detalhada dos fatos;

• *Redação dada pela Resolução CNE nº 29/2009.*

II – qualificação do infrator;

III – dispositivo supostamente infringido.

• *Redação dada pela Resolução CNE nº 29/2009.*

Parágrafo único. A indicação de dispositivo inaplicável aos fatos não inquina a denúncia e deverá ser corrigida pelo procurador presente à sessão de julgamento, podendo a parte interessada requerer o adiamento do julgamento para a sessão subsequente.

• *Incluído pela Resolução CNE nº 29/2009.*

Capítulo II – Dos Procedimentos Especiais

• *Redação do nome do capítulo dada pela Resolução CNE nº 29/2009.*

Seção I – Das Disposições Gerais

Art. 80. Nos procedimentos especiais, o pedido inicial deverá ser, obrigatoriamente, acompanhado do comprovante do pagamento do preparo, quando incidente, no valor e forma estabelecidos pelo regimento de emolumentos a ser editado pelo STJD de cada modalidade, sob pena de indeferimento.

• *Redação dada pela Resolução CNE nº 29/2009.*

Parágrafo único. A Procuradoria e as entidades de administração do desporto são isentas do recolhimento de emolumentos.

• *Incluído pela Resolução CNE nº 29/2009.*

Seção I-A – Da Transação Disciplinar Desportiva

• *Incluída pela Resolução CNE nº 29/2009.*

Art. 80-A. A Procuradoria poderá sugerir a aplicação imediata de quaisquer das penas previstas nos incisos II a IV do art. 170, conforme especificado em proposta de transação disciplinar desportiva apresentada ao autor da infração.

• *Incluído pela Resolução CNE nº 29/2009.*

§ 1º. A transação disciplinar desportiva somente poderá ser admitida nos seguintes casos:

• *Incluído pela Resolução CNE nº 29/2009.*

I – de infração prevista no art. 206, excetuada a hipótese de seu § 1º;

• *Incluído pela Resolução CNE nº 29/2009.*

II – de infrações previstas nos arts. 250 a 258-C;

• *Incluído pela Resolução CNE nº 29/2009.*

III – de infrações previstas nos arts. 259 a 273.

• *Incluído pela Resolução CNE nº 29/2009.*

§ 2º. Não se admitirá a proposta de tramitação disciplinar desportiva quando:

• *Incluído pela Resolução CNE nº 29/2009.*

I – o infrator tiver sido beneficiado, no prazo de trezentos e sessenta dias anteriores à infração, pela transação disciplinar desportiva prevista neste artigo;

• *Incluído pela Resolução CNE nº 29/2009.*

II – o infrator não possuir antecedentes e conduta desportiva justificadores da adoção da medida;

• *Incluído pela Resolução CNE nº 29/2009.*

III – os motivos e as circunstâncias da infração indicarem não ser suficiente a adoção da medida.

• *Incluído pela Resolução CNE nº 29/2009.*

§ 3º. A transação disciplinar desportiva deverá conter ao menos uma das penas previstas nos incisos II a IV do art. 170, que poderão ser cumuladas com medidas de interesse social.

• *Incluído pela Resolução CNE nº 29/2009.*

§ 4º. Aceita a proposta de transação disciplinar desportiva pelo autor da infração, será submetida à apreciação de relator sorteado, que deverá ser membro do Tribunal Pleno do TJD ou STJD competente para julgar a infração.

- *Incluído pela Resolução CNE nº 29/2009.*

§ 5º. Acolhendo a proposta de transação disciplinar desportiva, o relator aplicará a pena, que não importará em reincidência, sendo registrada apenas para impedir novamente a concessão do mesmo benefício ao infrator no prazo de trezentos e sessenta dias.

- *Incluído pela Resolução CNE nº 29/2009.*

§ 6º. Da decisão do relator que negar a transação disciplinar desportiva acordada entre Procuradoria e infrator caberá recurso ao Tribunal Pleno.

- *Incluído pela Resolução CNE nº 29/2009.*

§ 7º. A transação disciplinar desportiva a que se refere este artigo poderá ser firmada entre Procuradoria e infrator antes ou após o oferecimento de denúncia, em qualquer fase processual, devendo sempre ser submetida à apreciação de relator sorteado, membro do Tribunal Pleno do TJD ou STJD competente para julgar a infração, suspendendo-se condicionalmente o processo até o efetivo cumprimento da transação.

- *Incluído pela Resolução CNE nº 29/2009.*

§ 8º. Quando a denúncia ou o recurso já houver sido distribuído, o relator sorteado, membro do Tribunal Pleno do TJD ou STJD competente para julgar a infração, será o competente para apreciar a transação disciplinar desportiva.

- *Incluído pela Resolução CNE nº 29/2009.*

Seção II – Do Inquérito

Art. 81. O inquérito tem por fim apurar a existência de infração disciplinar e determinar a sua autoria, para subsequente instauração da ação cabível, podendo ser determinado de ofício pelo Presidente do Tribunal competente (STJD ou TJD), ou a requerimento da Procuradoria ou da parte interessada.

- *Redação dada pela Resolução CNE nº 29/2009.*

§ 1º. O requerimento deve conter a indicação de elementos que evidenciem suposta prática de infração disciplinar, das provas que pretenda produzir, e das testemunhas a serem ouvidas, se houver, sendo facultado ao Presidente do Tribunal (STJD ou TJD) a determinação de atos complementares.

- *Redação dada pela Resolução CNE nº 29/2009.*

§ 2º. Sendo o inquérito requerido pela parte interessada, ouvir-se-á obrigatoriamente a Procuradoria, que poderá:

- *Incluído pela Resolução CNE nº 11/2006 e Resolução CNE nº 13/2006.*

I – opinar pela rejeição, caso a parte interessada não apresente qualquer elemento prévio de convicção;

- *Incluído pela Resolução CNE nº 11/2006 e Resolução CNE nº 13/2006.*

II – acompanhar o feito até a conclusão.

- *Redação dada pela Resolução CNE nº 29/2009.*

Art. 82. Deferido o pedido, o Presidente do Tribunal (STJD ou TJD) sorteará auditor processante, que terá o prazo de quinze dias para sua conclusão, prorrogável por igual período.

- *Redação dada pela Resolução CNE nº 29/2009.*

§ 1º. Para a realização das diligências e oitiva de testemunhas, facultar-se-á ao auditor processante requerer auxílio de outros auditores ou solicitar que depoimentos sejam prestados por escrito, caso o deslocamento de depoentes ao órgão judicante se demonstre de difícil consecução.

- *Redação dada pela Resolução CNE nº 29/2009.*

§ 2º. Realizadas as diligências e ouvidas as testemunhas, não havendo atos investigatórios remanescentes, o inquérito, com o relatório, será concluído por termo nos autos.

- *Redação dada pela Resolução CNE nº 29/2009.*

§ 3º. Caracterizada, pelo auditor processante, a existência de infração e determinada sua autoria, os autos de inquérito serão remetidos à Procuradoria, para as providências cabíveis.

- *Redação dada pela Resolução CNE nº 29/2009.*

§ 4º. Não restando caracterizada infração ou não determinada a autoria, os autos de inquérito serão arquivados, por decisão fundamentada do auditor processante.

- *Incluído pela Resolução CNE nº 29/2009.*

Art. 83. O requerimento de instauração de inquérito será indeferido pelo Presidente quando verificar a inexistência dos elementos indispensáveis ao procedimento.

- *Redação dada pela Resolução CNE nº 29/2009.*

Seção III – Da Impugnação de Partida, Prova ou Equivalente

Art. 84. O pedido de impugnação deverá ser dirigido ao Presidente do Tribunal (STJD ou TJD), em duas vias devidamente assinadas pelo impugnante ou por procurador com poderes especiais, acompanhado dos documentos que comprovem os fatos alegados e da prova do pagamento dos emolumentos, limitado às seguintes hipóteses:

- *Redação dada pela Resolução CNE nº 29/2009.*

I – modificação de resultado;

- *Incluído pela Resolução CNE nº 11/2006 e Resolução CNE nº 13/2006.*

II – anulação de partida, prova ou equivalente.

- *Incluído pela Resolução CNE nº 11/2006 e Resolução CNE nº 13/2006.*

§ 1º. São partes legítimas para promover a impugnação as pessoas naturais ou jurídicas que tenham disputado a partida, prova ou equivalente em cada modalidade, ou as que tenham imediato e comprovado interesse no seu resultado, desde que participante da mesma competição.

- *Redação dada pela Resolução CNE nº 29/2009.*

§ 2º. A petição inicial será liminarmente indeferida pelo Presidente do Tribunal competente quando:

- *Redação dada pela Resolução CNE nº 29/2009.*

I – manifestamente inepta;

II – manifesta a ilegitimidade da parte;

III – faltar condição exigida pelo Código para a iniciativa da impugnação;

IV – não comprovado o pagamento dos emolumentos.

§ 3º. O Presidente do Tribunal (STJD ou TJD), ao receber a impugnação, dará imediato conhecimento da instauração do processo ao Presidente da respectiva entidade de administração do desporto, para que não homologue o resultado da partida, prova ou equivalente até a decisão final da impugnação.

• *Redação dada pela Resolução CNE nº 29/2009.*

§ 4º. Não caberá pedido de impugnação no caso de inclusão de atleta sem condição legal de participar de partida, prova ou equivalente.

• *Incluído pela Resolução CNE nº 11/2006 e Resolução CNE nº 13/2006.*

Art. 85. A impugnação deverá ser protocolada no Tribunal (STJD ou TJD) competente, em até dois dias depois da entrada da súmula na entidade de administração do desporto.

• *Redação dada pela Resolução CNE nº 29/2009.*

Art. 86. Recebida a impugnação, dar-se-á vista à parte contrária, pelo prazo de dois dias, para pronunciar-se, indo o processo, em seguida, à Procuradoria, por igual prazo, para manifestação.

Art. 87. Decorrido o prazo da Procuradoria, o Presidente do Tribunal (STJD ou TJD) sorteará relator, incluindo o feito em pauta para julgamento.

• *Redação dada pela Resolução CNE nº 29/2009.*

Seção IV – Do Mandado de Garantia

Art. 88. Conceder-se-á mandado de garantia sempre que, ilegalmente ou com abuso de poder, alguém sofrer violação em seu direito líquido e certo, ou tenha justo receio de sofrê-la por parte de qualquer autoridade desportiva.

Parágrafo único. O prazo para interposição do mandado de garantia extingue-se decorridos vinte dias contados da prática do ato, omissão ou decisão.

Art. 89. Não se concederá mandado de garantia contra ato, omissão ou decisão de que caiba recurso próprio e tenha sido concedido o efeito suspensivo.

• *Redação dada pela Resolução CNE nº 29/2009.*

Art. 90. A petição inicial, dirigida ao Presidente do Tribunal (STJD ou TJD) e acompanhada do comprovante do pagamento dos emolumentos, será apresentada em duas vias, devendo os documentos que instruírem a primeira via serem reproduzidos na outra.

Parágrafo único. Após a apresentação da petição inicial não poderão ser juntados novos documentos nem aduzidas novas razões.

Art. 91. Ao despachar a inicial, o Presidente do Tribunal (STJD ou TJD) ordenará que se notifique a autoridade coatora, à qual será enviada uma via da inicial, com a cópia dos documentos, para que, no prazo de três dias, preste informações.

• *Redação dada pela Resolução CNE nº 29/2009.*

Art. 92. Em caso de urgência, será permitido, observados os requisitos desta Seção, inclusive a comprovação do pagamento dos emolumentos, impetrar mandado de garantia por telegrama, fac-símile ou meio eletrônico que possibilite comprovação de recebimento, desde que comprovada a remessa do original no prazo do parágrafo único do artigo 88, sob pena de extinção do processo, podendo o Presidente do Tribunal (STJD ou TJD), pela mesma forma, determinar a notificação da autoridade coatora.

• *Redação dada pela Resolução CNE nº 29/2009.*

Art. 93. Quando relevante o fundamento do pedido e a demora possa tornar ineficaz a medida, o Presidente do Tribunal (STJD ou TJD), ao despachar a inicial, poderá conceder medida liminar.

• *Redação dada pela Resolução CNE nº 29/2009.*

Art. 94. A inicial será, desde logo, indeferida quando não for caso de mandado de garantia ou quando lhe faltar algum dos requisitos previstos neste Código.

Parágrafo único. Do despacho de indeferimento caberá recurso para o Tribunal Pleno do respectivo Tribunal (STJD ou TJD).

• *Redação dada pela Resolução CNE nº 29/2009.*

Art. 95. Findo o prazo para as informações, com ou sem elas, o Presidente do Tribunal (STJD ou TJD), depois de sortear o relator, mandará dar vista do processo à Procuradoria, que terá dois dias para manifestação.

• *Redação dada pela Resolução CNE nº 29/2009.*

Parágrafo único. Restituídos os autos pela Procuradoria, será designada data para julgamento.

Art. 96. (Revogado).

• *Revogado pela Resolução CNE nº 29/2009.*

Art. 97. Os processos de mandado de garantia têm prioridade sobre os demais.

Art. 98. O pedido de mandado de garantia poderá ser renovado se a decisão denegatória não lhe houver apreciado o mérito.

Seção V – Da Reabilitação

Art. 99. A pessoa natural que houver sofrido eliminação poderá pedir reabilitação ao órgão judicante que lhe impôs a pena definitiva, se decorridos mais de dois anos do trânsito em julgado da decisão, instruindo o pedido com a documentação que julgar conveniente e, obrigatoriamente, com a prova do pagamento dos emolumentos, com a prova do exercício de profissão ou de atividade escolar e com a declaração de, no mínimo, três pessoas vinculadas ao desporto, de notória idoneidade, que atestem plenamente as condições de reabilitação.

• *Redação dada pela Resolução CNE nº 29/2009.*

Parágrafo único. No caso de infrações por dopagem, observar-se-á o disposto no art. 244-A.

• *Incluído pela Resolução CNE nº 29/2009.*

Art. 100. Recebido o pedido, será dada vista à Procuradoria, pelo prazo de três dias, para emitir parecer, sendo o processo encaminhado ao Presidente do órgão judicante, que, sorteando relator, incluirá em pauta de julgamento.

• *Redação dada pela Resolução CNE nº 29/2009.*

Seção VI – Da Dopagem

Art. 100-A. Aplicar-se-ão as regras desta Seção caso a legislação da respectiva modalidade não estabeleça regras procedimentais específicas para as infrações por dopagem.

• *Incluído pela Resolução CNE nº 29/2009.*

Art. 101. (Revogado).

• *Revogado pela Resolução CNE nº 29/2009.*

Art. 102. Configurado o resultado anormal na análise antidopagem, o Presidente da entidade de administração do desporto ou quem o represente, em vinte e quatro horas, remeterá o laudo correspondente, acompanhado do laudo da contraprova, ao Presidente do Tribunal (STJD ou TJD), que decretará, também em vinte e quatro horas, o afastamento preventivo do atleta, pelo prazo máximo de trinta dias.

§ 1º. No mesmo despacho, assinará ao atleta, à entidade de prática ou entidade de administração do desporto a que pertencer e aos demais responsáveis, quando houver, o prazo comum de cinco dias, para oferecer defesa escrita e as provas que tiver.

§ 2º. Não havendo se manifestado o atleta no prazo legal, será designado defensor dativo para apresentação de defesa escrita, no prazo de dois dias.

• *Redação dada pela Resolução CNE nº 29/2009.*

§ 3º. Esgotado o prazo a que se refere o § 2º, com defesa ou sem ela, o Presidente do Tribunal (STJD ou TJD) competente, nas vinte e quatro horas seguintes, remeterá o processo à Procuradoria para oferecer denúncia no prazo de dois dias.

• *Incluído pela Resolução CNE nº 29/2009.*

Art. 103. Oferecida a denúncia, o Presidente do órgão judicante, nas vinte e quatro horas seguintes, sorteará o auditor relator e marcará, desde logo, data para a sessão de julgamento, que se realizará dentro de dez dias.

• *Redação dada pela Resolução CNE nº 29/2009.*

Art. 104. Na sessão de julgamento, as partes terão o prazo de quinze minutos para sustentação oral.

• *Redação dada pela Resolução CNE nº 29/2009.*

Art. 105. Proclamada eventual decisão condenatória, haverá detração nos casos de cumprimento do afastamento preventivo.

• *Redação dada pela Resolução CNE nº 29/2009.*

Art. 106. (Revogado).

• *Revogado pela Resolução CNE nº 29/2009.*

Seção VII – Das Infrações Punidas Com Eliminação

Art. 107. (Revogado).

• *Revogado pela Resolução CNE nº 29/2009.*

Art. 108. (Revogado).

• *Revogado pela Resolução CNE nº 29/2009.*

Parágrafo único (Revogado).

• *Revogado pela Resolução CNE nº 29/2009.*

Art. 109. (Revogado).

• *Revogado pela Resolução CNE nº 29/2009.*

Art. 110. (Revogado).

• *Revogado pela Resolução CNE nº 29/2009.*

Seção VIII – Da Suspensão, Desfiliação ou Desvinculação Impostas pelas Entidades de Administração ou de Prática Desportiva

Art. 111. A imposição das sanções de suspensão, desfiliação ou desvinculação, pelas entidades desportivas, com o objetivo de manter a ordem desportiva, somente serão aplicadas após decisão definitiva da Justiça Desportiva.

Parágrafo único (Revogado).

- *Revogado pela Resolução CNE nº 29/2009.*

§ 1º. A decisão administrativa expedida para aplicação de suspensão, desfiliação ou desvinculação imposta pelas entidades de administração ou de prática desportiva será homologada pelo respectivo Tribunal (STJD ou TJD), mediante remessa de ofício.

- *Incluído pela Resolução CNE nº 29/2009.*

§ 2º. Caso identificada nulidade, esta será declarada pelo Tribunal competente (STJD ou TJD) e os autos serão devolvidos à entidade de administração ou de prática desportiva.

- *Incluído pela Resolução CNE nº 29/2009.*

Seção IX – Da Revisão

Art. 112. A revisão dos processos findos será admitida:

I – quando a decisão houver resultado de manifesto erro de fato ou de falsa prova;

II – quando a decisão tiver sido proferida contra literal disposição de lei ou contra a evidência da prova;

III – quando, após a decisão, se descobrirem provas da inocência do punido ou de atenuantes relevantes.

- *Redação dada pela Resolução CNE nº 29/2009.*

Art. 113. A revisão é admissível até três anos após o trânsito em julgado da decisão condenatória, mas não admite reiteração ou renovação, salvo se fundada em novas provas.

Art. 114. Não cabe revisão da decisão que importe em exclusão de competição, perda de pontos, de renda ou de mando de campo.

- *Redação dada pela Resolução CNE nº 29/2009.*

Art. 115. A revisão só pode ser pedida pelo prejudicado, que deverá formulá-la em petição escrita, desde logo instruída com as provas que a justifiquem, nos termos do art. 112.

Art. 116. O órgão judicante, se julgar procedente o pedido de revisão, poderá alterar a classificação da infração, absolver o requerente, modificar a pena ou anular o processo, especificando o alcance da decisão.

- *Redação dada pela Resolução CNE nº 29/2009.*

Art. 117. Em nenhum caso poderá ser agravada a pena imposta na decisão revista.

Art. 118. É obrigatória, nos pedidos de revisão, a intervenção da Procuradoria.

Seção X – Das Medidas Inominadas

Art. 119. O Presidente do Tribunal (STJD ou do TJD), perante seu órgão judicante e dentro da respectiva competência, em casos excepcionais e no interesse do desporto, em ato fundamentado, poderá permitir o ajuizamento de qualquer medida não prevista neste Código, desde que requerida no prazo de três dias contados da decisão, do ato, do despacho ou da inequívoca ciência do fato, podendo conceder efeito suspensivo ou liminar quando houver fundado receio de dano irreparável, desde que se convença da verossimilhança da alegação.

- *Redação dada pela Resolução CNE nº 29/2009.*

§ 1º. Recebida pelo Presidente do Tribunal (STJD ou TJD) a medida a que se refere este artigo, proceder-se-á na forma do art. 78-A.

- *Incluído pela Resolução CNE nº 29/2009.*

§ 2º. Os réus, a Procuradoria e as partes interessadas terão o prazo comum de dois dias para apresentar contrarrazões, contado a partir do despacho que lhes abrir vista dos autos.

- *Incluído pela Resolução CNE nº 29/2009.*

§ 3º. Caberá recurso voluntário da decisão do Presidente do Tribunal (STJD ou TJD) que deixar de receber a medida a que se refere este artigo.

- *Incluído pela Resolução CNE nº 29/2009.*

Seção XI – Do Enunciado de Súmula

Art. 119-A. O Tribunal Pleno do STJD poderá, após reiteradas decisões sobre matéria de sua competência, editar enunciado de súmula que, a partir de sua publicação na forma do art. 40, poderá ter efeito vinculante em relação a todos os órgãos judicantes da respectiva modalidade, nas esferas nacional e regional, bem como proceder à sua revisão ou cancelamento.

- *Incluído pela Resolução CNE nº 29/2009.*

§ 1º. A edição, a revisão e o cancelamento de enunciado de súmula dependerão de decisão tomada por dois terços dos membros do Tribunal Pleno do STJD.

- *Incluído pela Resolução CNE nº 29/2009.*

§ 2º. O enunciado da súmula terá por objeto a validade, a interpretação e a eficácia de normas determinadas, acerca das quais haja controvérsia que acarrete insegurança jurídica e multiplicação de processos sobre questão idêntica.

- *Incluído pela Resolução CNE nº 29/2009.*

§ 3º. A revisão ou cancelamento de enunciado de súmula poderão ser propostos:

- *Incluído pela Resolução CNE nº 29/2009.*

I – por qualquer auditor do Tribunal Pleno do STJD;

- *Incluído pela Resolução CNE nº 29/2009.*

II – pelo Procurador-Geral do STJD;

- *Incluído pela Resolução CNE nº 29/2009.*

III – pela entidade nacional de administração do desporto;

- *Incluído pela Resolução CNE nº 29/2009.*

IV – pelas entidades de prática desportiva que participem da principal competição da entidade nacional de administração do desporto;

- *Incluído pela Resolução CNE nº 29/2009.*

V – pelo Conselho Federal da Ordem dos Advogados do Brasil;

- *Incluído pela Resolução CNE nº 29/2009.*

VI – por entidade representativa dos árbitros;

• *Incluído pela Resolução CNE nº 29/2009.*

VII – por entidade representativa dos atletas;

• *Incluído pela Resolução CNE nº 29/2009.*

VIII – pelos Tribunais de Justiça Desportiva.

• *Incluído pela Resolução CNE nº 29/2009.*

§ 4º. O Procurador-Geral do STJD, nas propostas que não houver formulado, manifestar-se-á previamente à edição, revisão ou cancelamento de enunciado de súmula.

• *Incluído pela Resolução CNE nº 29/2009.*

§ 5º. A súmula terá eficácia imediata, mas o Tribunal Pleno do STJD, por decisão de dois terços dos seus membros, poderá excluir ou restringir os efeitos vinculantes, bem como decidir que só tenha eficácia a partir de outro momento, tendo em vista razões de segurança jurídica ou de excepcional interesse do desporto.

• *Incluído pela Resolução CNE nº 29/2009.*

§ 6º. Revogada ou modificada a norma em que se fundou a edição de enunciado de súmula, o Tribunal Pleno do STJD, de ofício ou por provocação, procederá à sua revisão ou cancelamento, conforme o caso.

• *Incluído pela Resolução CNE nº 29/2009.*

§ 7º. A proposta de edição, revisão ou cancelamento de enunciado de súmula não autoriza a suspensão dos processos em que se discuta a mesma questão.

• *Incluído pela Resolução CNE nº 29/2009.*

Capítulo III – Da Sessão de Instrução e Julgamento

Art. 120. Nas sessões de instrução e julgamento será observada a pauta previamente elaborada pela Secretaria, de acordo com a ordem numérica dos processos.

§ 1º. Terão preferência os procedimentos especiais e os pedidos de preferência das partes que estiverem presentes, com prioridade para as que residirem fora da sede do órgão judicante.

§ 2º. As sessões de instrução e julgamento serão públicas, podendo o Presidente do órgão judicante, por motivo de ordem ou segurança, determinar que a sessão seja secreta, garantida, porém, a presença da Procuradoria, das partes e seus representantes.

§ 3º. Na impossibilidade de comparecimento do relator anteriormente sorteado, o processo poderá ser redistribuído e julgado na mesma sessão.

• *Redação dada pela Resolução CNE nº 29/2009.*

Art. 121. No dia e hora designados, havendo quórum, o Presidente do órgão judicante declarará aberta a sessão de instrução e julgamento.

Art. 122. Deverá ser lavrada ata da sessão de instrução e julgamento em que conste o essencial.

• *Redação dada pela Resolução CNE nº 29/2009.*

Art. 123. Em cada processo, antes de dar a palavra ao relator, o Presidente indagará das partes se têm provas a produzir.

Parágrafo único. Compete ao relator deferir ou não a produção das provas.

• *Incluído pela Resolução CNE nº 29/2009.*

Art. 124. Durante a sessão de instrução e julgamento, após a apresentação do relatório, as provas deferidas serão produzidas na seguinte ordem:

I – documental;

II – cinematográfica;

III – fonográfica;

IV – depoimento pessoal;

V – testemunhal;

VI – outras pertinentes.

Art. 125. Concluída a fase instrutória, com a produção das provas, será dado o prazo de dez minutos, sucessivamente, à Procuradoria e cada uma das partes, para sustentação oral.

§ 1º. Quando duas ou mais partes forem representadas pelo mesmo defensor, o prazo para sustentação oral será de quinze minutos.

§ 2º. Quando houver apenas um defensor a fazer uso da palavra na tribuna, este poderá optar entre sustentar oralmente antes ou após o voto do relator.

• *Redação dada pela Resolução CNE nº 29/2009.*

§ 3º. Em casos especiais, poderão ser prorrogados os prazos previstos neste artigo, a critério do Presidente do órgão judicante.

• *Incluído pela Resolução CNE nº 29/2009.*

§ 4º. Quando houver terceiros intervenientes, o Presidente do órgão judicante fixará prazo para sustentação oral, que ocorrerá após a sustentação oral das partes.

• *Incluído pela Resolução CNE nº 29/2009.*

Art. 126. Encerrados os debates, o Presidente indagará dos auditores se pretendem algum esclarecimento ou diligência e, não havendo, prosseguirá com o julgamento.

• *Redação dada pela Resolução CNE nº 29/2009.*

§ 1º. Se algum dos auditores pretender esclarecimento, este lhe será dado pelo relator.

§ 2º. As diligências propostas por qualquer auditor e deferidas pelo órgão judicante, quando não puderem ser cumpridas desde logo, adiarão o julgamento para a sessão seguinte.

Art. 127. Após os votos do relator e do Vice-Presidente, votarão os demais auditores, por ordem de antiguidade e, por último, o Presidente.

Art. 128. O auditor, na oportunidade de proferir o seu voto, poderá pedir vista do processo e, quando mais de um o fizer, a vista será comum.

§ 1º. O pedido de vista não impedirá que o processo seja julgado na mesma sessão, após o tempo concedido pelo Presidente para a vista.

§ 2º. Quando a complexidade da causa assim o justificar, o auditor poderá pedir vista pelo prazo de uma sessão, prorrogável, no máximo, por mais uma sessão.

• *Redação dada pela Resolução CNE nº 29/2009.*

§ 3º. Reiniciado o julgamento, prosseguir-se-á na apuração dos votos, podendo-se rever os já proferidos; quando o reinício do julgamento se der em outra sessão, as partes e a Procuradoria poderão proferir nova sustentação oral.

• *Redação dada pela Resolução CNE nº 29/2009.*

§ 4º. Nenhum julgamento será reiniciado sem a presença do relator.

• *Incluído pela Resolução CNE nº 29/2009.*

Art. 129. O auditor pode usar da palavra duas vezes sobre a matéria em julgamento.

Art. 130. Só poderá votar o auditor que tenha assistido ao relatório.

Art. 131. Nos casos de empate na votação, ao Presidente é atribuído o voto de desempate, salvo quando se tratar de imposição de qualquer das penas disciplinares relacionadas no art. 170.

• *Redação dada pela Resolução CNE nº 29/2009.*

Art. 132. Nas hipóteses de imposição de quaisquer das penas disciplinares relacionadas no art. 170, prevalecerão, nos casos de empate na votação, os votos mais favoráveis ao denunciado, não havendo atribuição de voto de desempate ao Presidente.

• *Redação dada pela Resolução CNE nº 29/2009.*

§ 1º. Quando os votos pela condenação do denunciado não forem unânimes a respeito da qualificação jurídica da conduta, serão computados separadamente os votos pela absolvição e os votos atribuídos a cada diferente tipo infracional; somente haverá condenação se o número de votos atribuídos a um específico tipo infracional for superior ao número de votos absolutórios.

• *Incluído pela Resolução CNE nº 29/2009.*

§ 2º. Na hipótese condenatória do § 1º, apenas os votos atribuídos ao tipo infracional prevalecente serão computados para quantificação da pena.

• *Incluído pela Resolução CNE nº 29/2009.*

§ 3º. Havendo empate na votação para quantificação da pena, em virtude da diversidade de votos computáveis, prevalecerão, entre os votos empatados, os mais favoráveis ao denunciado.

• *Incluído pela Resolução CNE nº 29/2009.*

§ 4º. Quando o tipo infracional prevalecente permitir a aplicação simultânea de mais de uma penalidade, far-se-á separadamente o cômputo dos votos para aplicação, e, se for o caso, quantificação de cada pena específica, aplicando-se o § 3º em caso de empate.

• *Incluído pela Resolução CNE nº 29/2009.*

§ 5º. Na aplicação deste artigo, considerar-se-á a pena de multa mais branda do que a de suspensão.

• *Incluído pela Resolução CNE nº 29/2009.*

Art. 133. Proclamado o resultado do julgamento, a decisão produzirá efeitos imediatamente, independentemente de publicação ou da presença das partes ou de seus procuradores, desde que regularmente intimados para a sessão de julgamento, salvo na hipótese de decisão condenatória, cujos efeitos produzir-se-ão a partir do dia seguinte à proclamação.

• *Redação dada pela Resolução CNE nº 29/2009.*

Parágrafo único. Nenhum ato administrativo poderá afetar as decisões proferidas pelos órgãos da Justiça Desportiva.

• *Incluído pela Resolução CNE nº 11/2006 e Resolução CNE nº 13/2006.*

Art. 133-A. As decisões que contemplem condenações definitivas relativas às penas dos arts. 234 a 238 e 243-A, bem como nos casos de dopagem, serão encaminhadas pelo Presidente do órgão judicante ao Presidente da entidade nacional de administração do desporto, a fim de que sejam comunicadas à entidade internacional da respectiva modalidade.

• *Incluído pela Resolução CNE nº 29/2009.*

Art. 134. (Revogado).

• *Revogado pela Resolução CNE nº 29/2009.*

Art. 135. Se até sessenta minutos após a hora marcada para o início da sessão não houver auditores em número legal, o julgamento do processo será obrigatoriamente adiado para a sessão seguinte, desde que requerido pela parte, independentemente de nova intimação.

• *Redação dada pela Resolução CNE nº 29/2009.*

TÍTULO V – DOS RECURSOS

Capítulo I – Das Disposições Gerais

Art. 136. Das decisões dos órgãos judicantes caberá recurso nas hipóteses previstas neste Código.

§ 1º. As decisões do Tribunal Pleno do STJD são irrecorríveis, salvo disposição diversa neste Código ou na regulamentação internacional específica da respectiva modalidade.

• *Redação dada pela Resolução CNE nº 29/2009.*

§ 2º. São igualmente irrecorríveis as decisões dos Tribunais de Justiça Desportiva que exclusivamente impuserem multa de até R$ 1.000,00 (mil reais).

• *Redação dada pela Resolução CNE nº 29/2009.*

Art. 137. Os recursos poderão ser interpostos pelo autor, pelo réu, por terceiro interveniente, pela Procuradoria e pela entidade de administração do desporto.

• *Redação dada pela Resolução CNE nº 29/2009.*

Parágrafo único. A Procuradoria não poderá desistir do recurso por ela interposto.

Art. 138. O recurso voluntário será protocolado perante o órgão judicante que expediu a decisão recorrida, incumbindo ao recorrente:

• *Redação dada pela Resolução CNE nº 29/2009.*

I – oferecer razões no prazo de três dias, contados da proclamação do resultado do julgamento;

• *Incluído pela Resolução CNE nº 29/2009.*

II – indicar o órgão judicante competente para o julgamento do recurso;

• *Incluído pela Resolução CNE nº 29/2009.*

III – juntar, no momento do protocolo, a prova do pagamento dos emolumentos devidos, sob pena de deserção.

• *Incluído pela Resolução CNE nº 29/2009.*

§ 1º. (Revogado).

• *Revogado pela Resolução CNE nº 29/2009.*

§ 2º. (Revogado).

• *Revogado pela Resolução CNE nº 29/2009.*

§ 3º. (Revogado).

• *Revogado pela Resolução CNE nº 29/2009.*

§ 4º. (Revogado).

• *Revogado pela Resolução CNE nº 29/2009.*

Parágrafo único. Se constar da ata de julgamento a necessidade de elaboração posterior do acórdão, o prazo estipulado no inciso I deste artigo terá sua contagem iniciada no dia posterior ao da intimação da parte recorrente para ciência da juntada do acórdão aos autos.

• *Incluído pela Resolução CNE nº 29/2009.*

Art. 138-A. Protocolado o recurso, o Presidente do órgão judicante que expediu a decisão recorrida encaminhará os autos no prazo de três dias à instância superior, sob as penas do art. 223, para o devido processamento.

• *Incluído pela Resolução CNE nº 29/2009.*

Art. 138-B. Recebidos os autos pela instância superior, onde o recurso passará a ter toda a sua tramitação, o Presidente do órgão judicante competente para julgá-lo fará análise prévia dos requisitos recursais.

• *Incluído pela Resolução CNE nº 29/2009.*

Art. 138-C. Se o Presidente do órgão judicante considerar presentes os requisitos recursais, sorteará relator, designará sessão de julgamento, determinará a intimação e abrirá vista dos autos para as partes contrárias e interessados impugnarem o recurso no prazo comum de três dias.

• *Incluído pela Resolução CNE nº 29/2009.*

§ 1º. Em caso de pedido de efeito suspensivo, os autos serão encaminhados ao relator para apreciação; em hipóteses excepcionais, dada a urgência, cópia dos autos poderá ser remetida ao relator por fac-símile, via postal ou correio eletrônico, e o relator poderá apresentar seu despacho utilizando os mesmos meios.

• *Incluído pela Resolução CNE nº 29/2009.*

§ 2º. A Procuradoria será intimada e terá três dias para emitir parecer.

• *Incluído pela Resolução CNE nº 29/2009.*

§ 3º. Decorrido o prazo previsto no § 2º, mesmo que a Procuradoria não tenha se manifestado, os autos retornarão ao relator.

• *Incluído pela Resolução CNE nº 29/2009.*

Art. 139. Em caso de urgência o recurso poderá ser interposto por telegrama, fac-símile, via postal ou correio eletrônico, com as cautelas devidas, devendo ser comprovada a remessa do original no prazo de três dias, sob pena de não ser conhecido.

• *Redação dada pela Resolução CNE nº 29/2009.*

Art. 140. No recurso voluntário, salvo se interposto pela Procuradoria, a penalidade não poderá ser agravada.

Art. 140-A. A penalidade poderá ser reformada em benefício do réu, total ou parcialmente, ainda que o recurso tenha sido exclusivamente interposto pela Procuradoria, por outro réu ou por terceiro interveniente.

• *Incluído pela Resolução CNE nº 29/2009.*

Art. 141. Passada em julgado a decisão do recurso voluntário, a Secretaria, no prazo de dois dias, devolverá o processo ao juízo de origem.

• *Redação dada pela Resolução CNE nº 29/2009.*

Art. 142. O recurso devolve à instância superior o conhecimento de toda a matéria discutida no processo, salvo quando só tiver por objeto parte da decisão.

Parágrafo único. Qualquer instância superior poderá conhecer de parte da decisão que não tenha sido objeto do recurso caso seja possível reduzir a penalidade imposta ao infrator, total ou parcialmente.

• *Incluído pela Resolução CNE nº 29/2009.*

Capítulo II – Do Recurso Necessário

• *Revogado pela Resolução CNE nº 11/2006 e Resolução CNE nº 13/2006.*

Art. 143. (Revogado).

• *Revogado pela Resolução CNE nº 11/2006 e Resolução CNE nº 13/2006.*

Art. 144. (Revogado).

• *Revogado pela Resolução CNE nº 11/2006 e Resolução CNE nº 13/2006.*

Art. 145. (Revogado).

• *Revogado pela Resolução CNE nº 11/2006 e Resolução CNE nº 13/2006.*

Capítulo III – Do Recurso Voluntário

Art. 146. Ressalvados os casos previstos neste Código, cabe recurso voluntário de qualquer decisão dos órgãos da Justiça Desportiva, salvo decisões do Tribunal Pleno do STJD, as quais são irrecorríveis, na forma do art. 136, § 1º.

• *Redação dada pela Resolução CNE nº 29/2009.*

Art. 147. O recurso voluntário será recebido em seu efeito devolutivo.

• *Redação dada pela Resolução CNE nº 29/2009.*

Art. 147-A. Poderá o relator conceder efeito suspensivo ao recurso voluntário, em decisão fundamentada, desde que se convença da verossimilhança das alegações do recorrente, quando a simples devolução da matéria puder causar prejuízo irreparável ou de difícil reparação.

• *Incluído pela Resolução CNE nº 29/2009.*

§ 1º. Não se concederá o efeito suspensivo a que se refere este artigo quando de sua concessão decorrer grave perigo de irreversibilidade.

• *Incluído pela Resolução CNE nº 29/2009.*

§ 2º. A decisão que conceder ou deixar de conceder o efeito suspensivo a que se refere este artigo será irrecorrível, mas poderá ser revogada ou modificada a qualquer tempo, pelo relator, em decisão fundamentada.

• *Incluído pela Resolução CNE nº 29/2009.*

Art. 147-B. O recurso voluntário será recebido no efeito suspensivo nos seguintes casos:

• *Incluído pela Resolução CNE nº 29/2009.*

I – quando a penalidade imposta pela decisão recorrida exceder o número de partidas ou o prazo definidos em lei, e desde que requerido pelo punido;

• *Incluído pela Resolução CNE nº 29/2009.*

II – quando houver cominação de pena de multa.

• *Incluído pela Resolução CNE nº 29/2009.*

§ 1º. O efeito suspensivo a que se refere o inciso I apenas suspende a eficácia da penalidade naquilo que exceder o número de partidas ou o prazo mencionados no inciso I.

• *Incluído pela Resolução CNE nº 29/2009.*

§ 2º. O efeito suspensivo a que se refere o inciso II apenas suspende a exigibilidade da multa, até o trânsito em julgado da decisão condenatória.

• *Incluído pela Resolução CNE nº 29/2009.*

§ 3º. O efeito suspensivo a que se refere este artigo aplica-se a qualquer recurso voluntário interposto perante qualquer órgão judicante da Justiça Desportiva, independentemente da origem da decisão recorrida.

• *Incluído pela Resolução CNE nº 29/2009.*

Art. 148. Os recursos serão julgados pela instância superior, de acordo com a competência fixada neste Código.

Art. 149. (Revogado).

• *Revogado pela Resolução CNE nº 29/2009.*

Art. 150. Em instância recursal não será admitida a produção de novas provas.

• *Alterado pela Resolução CNE nº 11/2006 e Resolução CNE nº 13/2006.*

Parágrafo único. Excepcionalmente, a critério do relator, será admitida durante a sessão de julgamento a re-exibição de provas, especialmente a cinematográfica, bem como a retomada de depoimentos, caso este não tenha sido reduzido a termo.

• *Incluído pela Resolução CNE nº 29/2009.*

Art. 151. A Secretaria dará ciência aos interessados ou a seus defensores e à Procuradoria, com a antecedência mínima de dois dias, da inclusão do processo na pauta do julgamento.

Art. 152. (Revogado).

• *Revogado pela Resolução CNE nº 29/2009.*

Capítulo IV – Dos Embargos de Declaração

Art. 152-A. Cabem embargos de declaração quando:

• *Incluído pela Resolução CNE nº 29/2009.*

I – houver, na decisão, obscuridade ou contradição;

• *Incluído pela Resolução CNE nº 29/2009.*

II – for omitido ponto sobre o qual devia pronunciar-se o órgão judicante.

• *Incluído pela Resolução CNE nº 29/2009.*

§ 1º. Os embargos serão opostos, no prazo de dois dias, em petição dirigida ao relator, com indicação do ponto obscuro, contraditório ou omisso, não estando sujeitos a preparo; aplica-se aos embargos de declaração o disposto no art. 138, parágrafo único.

• *Incluído pela Resolução CNE nº 29/2009.*

§ 2º. O relator julgará monocraticamente os embargos de declaração, no prazo de dois dias.

• *Incluído pela Resolução CNE nº 29/2009.*

§ 3º. Em casos excepcionais, o relator poderá remeter os embargos a julgamento colegiado, apresentando-os em mesa na sessão subsequente à oposição, quando considerar relevantes as alegações do embargante.

• *Incluído pela Resolução CNE nº 29/2009.*

§ 4º. Quando o relator entender que os embargos de declaração mereçam ser providos com efeitos infringentes, deverá remetê-los a julgamento colegiado, na forma do § 3º.

• *Incluído pela Resolução CNE nº 29/2009.*

§ 5º. Os embargos de declaração interrompem o prazo para a interposição de outros recursos, por qualquer das partes ou interessados.

• *Incluído pela Resolução CNE nº 29/2009.*

§ 6º. Sendo considerados manifestamente protelatórios os embargos de declaração, o relator poderá aplicar multa pecuniária ao embargante, que não poderá ser inferior ao valor da menor pena pecuniária constante deste Código.

• *Incluído pela Resolução CNE nº 29/2009.*

LIVRO II

DAS MEDIDAS DISCIPLINARES

TÍTULO I – DAS DISPOSIÇÕES GERAIS

Art. 153. É punível toda infração disciplinar tipificada no presente Código.

Art. 154. Ninguém será punido por fato que lei posterior deixe de considerar infração disciplinar, cessando, em virtude dela, a execução e os efeitos da punição.

Parágrafo único. A lei posterior que de outro modo favoreça o infrator aplica-se ao fato não definitivamente julgado.

Art. 155. Considera-se praticada a infração no momento da ação ou omissão, ainda que outro seja o momento do resultado.

TÍTULO II – DA INFRAÇÃO

Art. 156. Infração disciplinar, para os efeitos deste Código, é toda ação ou omissão antidesportiva, típica e culpável.

Parágrafo único. (Revogado).

• *Revogado pela Resolução CNE nº 29/2009.*

§ 1º. A omissão é juridicamente relevante quando o omitente deveria e poderia agir para evitar o resultado.

• *Incluído pela Resolução CNE nº 29/2009.*

§ 2º. O dever de agir incumbe precipuamente a quem:

• *Incluído pela Resolução CNE nº 29/2009.*

I – tenha, por ofício, a obrigação de velar pela disciplina ou coibir a prática de violência ou animosidade;

• *Incluído pela Resolução CNE nº 29/2009.*

II – com seu comportamento anterior, tenha criado o risco da ocorrência do resultado.

• *Incluído pela Resolução CNE nº 29/2009.*

Art. 157. Diz-se a infração:

I – consumada, quando nela se reúnem todos os elementos de sua definição;

II – tentada, quando, iniciada a execução, não se consuma por circunstâncias alheias à vontade do agente.

III – dolosa, quando o agente quis o resultado ou assumiu o risco de produzi-lo;

IV – culposa, quando o agente deu causa ao resultado por imprudência, negligência ou imperícia.

§ 1º. Salvo disposição em contrário, pune-se a tentativa com a pena correspondente à infração consumada, reduzida da metade.

§ 2º. Não se pune a tentativa quando, por ineficácia absoluta do meio ou por absoluta impropriedade do objeto, é impossível consumar-se a infração.

§ 3º. O ajuste, a determinação ou instigação e o auxílio, salvo disposição expressa em contrário, não são puníveis, se a infração não chega, pelo menos, a ser tentada.

• *Incluído pela Resolução CNE nº 29/2009.*

Art. 158. O agente que, voluntariamente, desiste de prosseguir na execução ou impede que o resultado se produza, só responde pelos atos já praticados.

Art. 159. O erro quanto à pessoa contra a qual a infração é praticada não isenta o agente de pena.

Art. 160. Se a infração é cometida em obediência à ordem de superior hierárquico, não manifestamente ilegal, ou sob coação comprovadamente irresistível, só é punível o autor da ordem ou da coação.

Art. 161. Não há infração quando as circunstâncias que incidem sobre o fato são de tal ordem que impeçam que do agente se possa exigir conduta diversa.

Art. 161-A. A responsabilidade das pessoas jurídicas não exclui a das pessoas naturais, autoras, co-autoras ou partícipes do mesmo fato.

• *Incluído pela Resolução CNE nº 29/2009.*

Parágrafo único. A pessoa natural responsável pela infração cometida por pessoa jurídica será considerada co-autora.

• *Incluído pela Resolução CNE nº 29/2009.*

TÍTULO III – DA RESPONSABILIZAÇÃO PELA ATITUDE ANTIDESPORTIVA PRATICADA POR MENORES DE QUATORZE ANOS

Art. 162. Os menores de quatorze anos são considerados desportivamente inimputáveis, ficando sujeitos à orientação de caráter pedagógico.

• *Alterado pela Resolução CNE nº 11/2006 e Resolução CNE nº 13/2006.*

Parágrafo único. Nos casos de reincidência da prática de infrações disciplinares previstas neste Código por menores de quatorze anos, responderá o seu técnico ou representante legal na respectiva competição, caso não tenham sido adotadas as medidas cabíveis para orientar e inibir novas infrações.

• *Redação dada pela Resolução CNE nº 29/2009.*

TÍTULO IV – DO CONCURSO DE PESSOAS

Art. 163. Quem, de qualquer modo, concorre para a infração incide nas penas a esta cominadas, na medida de sua participação.

• *Redação dada pela Resolução CNE nº 29/2009.*

§ 1º. Se a participação for de menor importância, a pena pode ser diminuída de um sexto a um terço.

• *Incluído pela Resolução CNE nº 29/2009.*

§ 2º. Se algum dos concorrentes quis participar de infração menos grave, ser-lhe-á aplicada a pena desta.

• *Incluído pela Resolução CNE nº 29/2009.*

§ 3º. A pena a que se refere o § 2º será aumentada até metade, na hipótese de ter sido previsível o resultado mais grave.

• *Incluído pela Resolução CNE nº 29/2009.*

TÍTULO V – DA EXTINÇÃO DA PUNIBILIDADE

Art. 164. Extingue-se a punibilidade:

I – pela morte da pessoa natural infratora;

• *Redação dada pela Resolução CNE nº 29/2009.*

II – pela extinção da pessoa jurídica infratora;

• *Redação dada pela Resolução CNE nº 29/2009.*

III – pela retroatividade da norma que não mais considera o fato como infração;

• *Redação dada pela Resolução CNE nº 29/2009.*

IV – pela prescrição.

• *Redação dada pela Resolução CNE nº 29/2009.*

V – (Revogado).

• *Revogado pela Resolução CNE nº 29/2009.*

Art. 165. (Revogado).

• *Revogado pela Resolução CNE nº 29/2009.*

Art. 165-A. Prescreve:

• *Incluído pela Resolução CNE nº 29/2009.*

§ 1º. Em trinta dias, a pretensão punitiva disciplinar da Procuradoria relativa às infrações previstas nos arts. 250 a 258-D.

• *Incluído pela Resolução CNE nº 29/2009.*

§ 2º. Em sessenta dias, a pretensão punitiva disciplinar da Procuradoria, quando este Código não lhe haja fixado outro prazo.

• *Incluído pela Resolução CNE nº 29/2009.*

§ 3º. Em dois anos, a pretensão ao cumprimento das sanções, contados do trânsito em julgado da decisão condenatória.

• *Incluído pela Resolução CNE nº 29/2009.*

§ 4º. Em oito anos, a pretensão punitiva disciplinar relativa a infrações por dopagem, salvo disposição diversa na legislação internacional sobre a matéria.

• *Incluído pela Resolução CNE nº 29/2009.*

§ 5º. Em vinte anos, a pretensão punitiva disciplinar relativa às infrações dos arts. 237 e 238.

• *Incluído pela Resolução CNE nº 29/2009.*

§ 6º. A pretensão punitiva disciplinar conta-se:

• *Incluído pela Resolução CNE nº 29/2009.*

a) do dia em que a infração se consumou;

• *Incluído pela Resolução CNE nº 29/2009.*

b) do dia em que cessou a atividade infracional, no caso de tentativa;

• *Incluído pela Resolução CNE nº 29/2009.*

c) do dia em que cessou a permanência ou continuidade, nos casos de infrações permanentes ou continuadas;

• *Incluído pela Resolução CNE nº 29/2009.*

d) do dia em que o fato se tornou conhecido pela Procuradoria, nos casos em que a infração, por sua natureza, só puder ser conhecida em momento posterior àqueles mencionados nas alíneas anteriores, como nos casos de falsidade.

• *Incluído pela Resolução CNE nº 29/2009.*

Art. 165-B. Não haverá, em nenhuma hipótese, prescrição intercorrente.

• *Incluído pela Resolução CNE nº 29/2009.*

Art. 166. (Revogado).

• *Revogado pelas Resolução CNE nº 11/2006 e Resolução CNE nº 13/2006.*

Art. 167. (Revogado).

• *Revogado pelas Resolução CNE nº 11/2006 e Resolução CNE nº 13/2006.*

Art. 168. Interrompe-se a prescrição:

I – pela instauração de inquérito;

• *Alterado pela Resolução CNE nº 11/2006 e Resolução CNE nº 13/2006.*

II – pelo recebimento da denúncia;

• *Redação dada pela Resolução CNE nº 29/2009.*

III – (Revogado).

• *Revogado pela Resolução CNE nº 29/2009.*

IV – (Revogado).

• *Revogado pela Resolução CNE nº 29/2009.*

V – (Revogado).

• *Revogado pela Resolução CNE nº 29/2009.*

Art. 169. A prescrição interrompida recomeça a correr do último ato do processo que a interrompeu.

• *Redação dada pela Resolução CNE nº 29/2009.*

Art. 169-A. Os prazos de prescrição ou decadência previstos neste Código ficarão suspensos durante período de recesso do órgão judicante; suspensa a prescrição, o prazo remanescente será contado a partir do término do período de suspensão.

• *Incluído pela Resolução CNE nº 29/2009.*

Art. 169-B. Os direitos relacionados às provas, torneios e campeonatos, salvo os vinculados a infrações disciplinares e aqueles que tenham prazo diverso estipulado por este Código, estão sujeitos à decadência caso não sejam exercidos durante a respectiva fase da competição.

• *Incluído pela Resolução CNE nº 29/2009.*

TÍTULO VI – DAS PENALIDADES

Capítulo I – Das Espécies de Penalidades

Art. 170. Às infrações disciplinares previstas neste Código correspondem as seguintes penas:

I – advertência;

II – multa;

III – suspensão por partida;

IV – suspensão por prazo;

V – perda de pontos;

VI – interdição de praça de desportos;

VII – perda de mando de campo;

VIII – indenização;

IX – eliminação;

X – perda de renda;

XI – exclusão de campeonato ou torneio.

§ 1º. As penas disciplinares não serão aplicadas a menores de quatorze anos.

§ 2º. As penas pecuniárias não serão aplicadas a atletas de prática não-profissional.

§ 3º. Atleta não-profissional é aquele definido nos termos da lei.

§ 4º. As penas de eliminação não serão aplicadas a pessoas jurídicas.

• *Incluído pela Resolução CNE nº 29/2009.*

§ 5º. A pena de advertência somente poderá ser aplicada uma vez a cada seis meses ao mesmo infrator, quando prevista no respectivo tipo infracional.

• *Incluído pela Resolução CNE nº 29/2009.*

Art. 171. A suspensão por partida, prova ou equivalente será cumprida na mesma competição, torneio ou campeonato em que se verificou a infração.

§ 1º. Quando a suspensão não puder ser cumprida na mesma competição, campeonato ou torneio em que se verificou a infração, deverá ser cumprida na partida, prova ou equivalente subsequente de competição, campeonato ou torneio realizado pela mesma entidade de administração ou, desde que requerido pelo punido e a critério do Presidente do órgão judicante, na forma de medida de interesse social.

• *Redação dada pela Resolução CNE nº 29/2009.*

§ 2º. Quando resultante de infração praticada em partida amistosa, a suspensão será cumprida em partida da mesma natureza ou executada na forma de medida de interesse social.

§ 3º. A suspensão a que se refere este artigo não excederá a vinte e quatro partidas, provas ou equivalentes, exceto nas hipóteses relativas a infrações por dopagem.

• *Incluído pela Resolução CNE nº 29/2009.*

§ 4º. O cômputo das partidas, provas ou equivalentes ficará suspenso a partir do momento em que o infrator punido transferir-se para o exterior, voltando a computar-se a partir do seu retorno, desde que não tenha se consolidado a prescrição do art. 165-A, § 2º.

• *Incluído pela Resolução CNE nº 29/2009.*

Art. 172. A suspensão por prazo priva o punido de participar de quaisquer competições promovidas pelas entidades de administração na respectiva modalidade desportiva, de ter acesso a recintos reservados de praças de desportos durante a realização das partidas, provas ou equivalentes, de praticar atos oficiais referentes à respectiva modalidade desportiva e de exercer qualquer cargo ou função em poderes de entidades de administração do desporto da modalidade e na Justiça Desportiva.

• *Redação dada pela Resolução CNE nº 29/2009.*

Parágrafo único (Revogado).

• *Revogado pela Resolução CNE nº 29/2009.*

§ 1º. A critério e na forma estabelecida pelo Presidente do órgão judicante, e desde que requerido pelo punido após o trânsito em julgado da decisão condenatória, até metade da pena de suspensão por prazo poderá ser cumprida mediante a execução de atividades de interesse público, nos campos da assistência social, desporto, cultura, educação, saúde, voluntariado, além da defesa, preservação e conservação do meio ambiente.

• *Incluído pela Resolução CNE nº 29/2009.*

§ 2º. A suspensão a que se refere este artigo não excederá a setecentos e vinte dias, exceto nas hipóteses relativas a infrações por dopagem.

• *Incluído pela Resolução CNE nº 29/2009.*

§ 3º. O cômputo do prazo ficará suspenso a partir do momento em que o infrator punido transferir-se para o exterior, voltando a computar-se a partir do seu retorno, desde que não tenha se consolidado a prescrição do art. 165-A, § 2º.

• *Incluído pela Resolução CNE nº 29/2009.*

§ 4º. O cômputo do período de execução da suspensão por prazo poderá ser suspenso pelo Presidente do órgão judicante nos períodos em que não se celebram competições.

• *Incluído pela Resolução CNE nº 29/2009.*

Art. 173. (Revogado).

• *Revogado pela Resolução CNE nº 29/2009.*

Parágrafo único (Revogado).

• *Revogado pela Resolução CNE nº 29/2009.*

Art. 174. A interdição de praça de desportos impede que nela se realize qualquer partida da respectiva modalidade, até que sejam cumpridas as exigências impostas na decisão, a critério do órgão judicante.

• *Redação dada pela Resolução CNE nº 29/2009.*

Art. 175. A entidade de prática punida com a perda de mando de campo fica obrigada a disputar suas partidas, provas ou equivalentes, na mesma competição em que ocorreu a infração.

§ 1º. Quando a perda de mando de campo não puder ser cumprida na mesma competição, deverá ser cumprida em competição subsequente da mesma natureza, independentemente da forma de disputa.

• *Redação dada pela Resolução CNE nº 29/2009.*

§ 2º. A forma de cumprimento da pena de perda de mando de campo, imposta pela Justiça Desportiva, é de competência e responsabilidade exclusivas da entidade organizadora da competição, torneio ou equivalente, devendo constar, prévia e obrigatoriamente, no respectivo regulamento.

• *Incluído pela Resolução CNE nº 11/2006 e Resolução CNE nº 13/2006.*

Art. 176 (Revogado).

• *Revogado pela Resolução CNE nº 29/2009.*

§ 1º. (Revogado).

• *Revogado pela Resolução CNE nº 29/2009.*

§ 2º. (Revogado).

• *Revogado pela Resolução CNE nº 29/2009.*

Art. 176-A. Os prazos e condições para cumprimento da pena de multa serão definidos pelo Presidente do Tribunal (STJD ou TJD).

• *Incluído pela Resolução CNE nº 29/2009.*

§ 1º. O recolhimento das penas pecuniárias deverá ser efetuado à Tesouraria da entidade de administração do desporto que tenha a abrangência territorial correspondente à jurisdição desportiva do Tribunal (STJD ou TJD), devendo a parte comprová-lo nos autos.

• *Incluído pela Resolução CNE nº 29/2009.*

§ 2º. A critério e na forma estabelecida pelo Presidente do Tribunal (STJD ou TJD) e desde que requerido pelo punido, até metade da pena pecuniária imposta poderá ser cumprida por meio de medida de interesse social, que, entre outros meios legítimos, poderá consistir na prestação de serviços comunitários.

• *Incluído pela Resolução CNE nº 29/2009.*

§ 3º. Faculta-se ao Presidente do órgão judicante (STJD ou TJD), de ofício ou a requerimento do punido, a concessão de parcelamento das penas pecuniárias.

• *Incluído pela Resolução CNE nº 29/2009.*

§ 4º. As entidades de prática desportiva são solidariamente responsáveis pelas penas pecuniárias impostas àquelas pessoas naturais que, no momento da infração, sejam seus atletas, dirigentes, administradores, treinadores, empregados, médicos, membros de comissão técnica ou quaisquer outras pessoas naturais que lhes sejam direta ou indiretamente vinculadas.

• *Incluído pela Resolução CNE nº 29/2009.*

§ 5º. A solidariedade estabelecida pelo § 4º não se afasta no caso de o infrator desligar-se da entidade de prática desportiva, e não se transmite à nova entidade de prática desportiva à qual o infrator venha a se vincular.

• *Incluído pela Resolução CNE nº 29/2009.*

Art. 177. A pena de eliminação priva o punido de qualquer atividade desportiva na respectiva modalidade, em todo o território nacional.

Capítulo II – Da Aplicação da Penalidade

Art. 178. O órgão judicante, na fixação das penalidades entre limites mínimos e máximos, levará em conta a gravidade da infração, a sua maior ou menor extensão, os meios empregados, os motivos determinantes, os antecedentes desportivos do infrator e as circunstâncias agravantes e atenuantes.

Art. 179. São circunstâncias que agravam a penalidade a ser aplicada, quando não constituem ou qualificam a infração:

I – ter sido praticada com o concurso de outrem;

II – ter sido praticada com o uso de instrumento ou objeto lesivo;

III – ter o infrator, de qualquer modo, concorrido para a prática de infração mais grave;

IV – ter causado prejuízo patrimonial ou financeiro;

V – ser o infrator membro ou auxiliar da justiça desportiva, membro ou representante da entidade de prática desportiva;

• *Redação dada pela Resolução CNE nº 29/2009.*

VI – ser o infrator reincidente.

§ 1º. Verifica-se a reincidência quando o infrator comete nova infração depois de transitar em julgado a decisão que o haja punido anteriormente, ainda que as infrações tenham natureza diversa.

• *Redação dada pela Resolução CNE nº 29/2009.*

§ 2º. Para efeito de reincidência, não prevalece a condenação anterior se, entre a data do cumprimento ou execução da pena e a infração posterior, tiver decorrido período de tempo superior a um ano.

• *Alterado pela Resolução CNE nº 11/2006 e Resolução CNE nº 13/2006.*

Art. 180. São circunstâncias que atenuam a penalidade:

I – ser o infrator menor de dezoito anos, na data da infração;

II – (Revogado).

• *Revogado pela Resolução CNE nº 29/2009.*

III – (Revogado).

• *Revogado pela Resolução CNE nº 29/2009.*

IV – não ter o infrator sofrido qualquer punição nos doze meses imediatamente anteriores à data do julgamento;

• *Alterado pela Resolução CNE nº 11/2006 e Resolução CNE nº 13/2006.*

V -- ter sido a infração cometida em desafronta a grave ofensa moral;

VI – ter o infrator confessado infração atribuída a outrem.

Art. 181. No caso de agravantes e atenuantes, a pena deve aproximar-se do limite indicado pelas circunstâncias preponderantes, observados os critérios fixados no art. 178.

• *Redação dada pela Resolução CNE nº 29/2009.*

Art. 182. As penas previstas neste Código serão reduzidas pela metade quando a infração for cometida por atleta não-profissional ou por entidade partícipe de competição que congregue exclusivamente atletas não-profissionais.

• *Alterado pela Resolução CNE nº 11/2006 e Resolução CNE nº 13/2006.*

Parágrafo único (Revogado).

• *Revogado pela Resolução CNE nº 29/2009.*

§ 1º. Se a diminuição da pena resultar em número fracionado, aplicar-se-á o número inteiro imediatamente inferior, mesmo se inferior à pena mínima prevista no dispositivo infringido; se o número fracionado for inferior a um, o infrator sofrerá a pena de uma partida, prova ou equivalente.

• *Incluído pela Resolução CNE nº 29/2009.*

§ 2º. A redução a que se refere este artigo também se aplica a qualquer pessoa natural que cometer infração relativa a competição que congregue exclusivamente atletas não-profissionais, como, entre outras, membros de comissão técnica, dirigentes e árbitros.

• *Incluído pela Resolução CNE nº 29/2009.*

§ 3º. O infrator não terá direito à redução a que se refere este artigo quando reincidente e a infração for de extrema gravidade.

• *Incluído pela Resolução CNE nº 29/2009.*

Art. 182-A. Além dos elementos de dosimetria previstos neste Capítulo, a fixação das penas pecuniárias levará obrigatoriamente em consideração a capacidade econômico-financeira do infrator ou da entidade de prática desportiva.

• *Incluído pela Resolução CNE nº 29/2009.*

Art. 183. Quando o agente, mediante uma única ação, pratica duas ou mais infrações, a de pena maior absorve a de pena menor.

Art. 184. Quando o agente mediante mais de uma ação ou omissão, pratica duas ou mais infrações, aplicam-se cumulativamente as penas.

TÍTULO VII

• *Revogado pela Resolução CNE nº 29/2009.*

Capítulo I

• *Revogado pela Resolução CNE nº 29/2009.*

Art. 185. (Revogado).

• *Revogado pela Resolução CNE nº 29/2009.*

I – (Revogado).

• *Revogado pela Resolução CNE nº 29/2009.*

Pena: (Revogada).

• *Revogada pela Resolução CNE nº 29/2009.*

II – (Revogado).

• *Revogado pela Resolução CNE nº 29/2009.*

Pena: (Revogada).

• *Revogada pela Resolução CNE nº 29/2009.*

Art. 186. (Revogado).

• *Revogado pela Resolução CNE nº 29/2009.*

I – (Revogado).

• *Revogado pela Resolução CNE nº 29/2009.*

Pena: (Revogada).

• *Revogada pela Resolução CNE nº 29/2009.*

II – (Revogado).

• *Revogado pela Resolução CNE nº 29/2009.*

Pena: (Revogada).

• *Revogada pela Resolução CNE nº 29/2009.*

Capítulo II

• *Revogado pela Resolução CNE nº 29/2009.*

Art. 187. (Revogado).

• *Revogado pela Resolução CNE nº 29/2009.*

I – (Revogado).

• *Revogado pela Resolução CNE nº 29/2009.*

Pena: (Revogada).

• *Revogada pela Resolução CNE nº 29/2009.*

II – (Revogado).

• *Revogado pela Resolução CNE nº 29/2009.*

Pena: (Revogada).

• *Revogada pela Resolução CNE nº 29/2009.*

III – (Revogado).

• *Revogado pela Resolução CNE nº 29/2009.*

Pena: (Revogada).

• *Revogada pela Resolução CNE nº 29/2009.*

§ 1º. (Revogado).

• *Revogado pela Resolução CNE nº 29/2009.*

§ 2º. (Revogado).

• *Revogado pela Resolução CNE nº 29/2009.*

§ 3º. (Revogado).

• *Revogado pela Resolução CNE nº 29/2009.*

§ 4º. (Revogado).

• *Revogado pela Resolução CNE nº 29/2009.*

§ 5º. (Revogado).

• *Revogado pela Resolução CNE nº 29/2009.*

Art. 188. (Revogado).

• *Revogado pela Resolução CNE nº 29/2009.*

Pena: (Revogada).

• *Revogada pela Resolução CNE nº 29/2009.*

Parágrafo único. (Revogado).

• *Revogado pela Resolução CNE nº 29/2009.*

Art. 189. (Revogado).

• *Revogado pela Resolução CNE nº 29/2009.*

Pena: (Revogada).

• *Revogada pela Resolução CNE nº 29/2009.*

TÍTULO VIII

• *Revogado pela Resolução CNE nº 29/2009.*

Capítulo I

• *Revogado pela Resolução CNE nº 29/2009.*

Art. 190. (Revogado).

• *Revogado pela Resolução CNE nº 29/2009.*

Pena: (Revogada).

• *Revogada pela Resolução CNE nº 29/2009.*

Parágrafo único. (Revogado).

• *Revogado pela Resolução CNE nº 29/2009.*

LIVRO III

DAS INFRAÇÕES EM ESPÉCIE

Capítulo I – Das Infrações Relativas à Administração Desportiva, às Competições e à Justiça Desportiva

Art. 191. Deixar de cumprir, ou dificultar o cumprimento:

Pena: (Revogada).

• *Revogada pela Resolução CNE nº 29/2009.*

I – de obrigação legal;

• *Incluído pela Resolução CNE nº 29/2009.*

II – de deliberação, resolução, determinação, exigência, requisição ou qualquer ato normativo ou administrativo do CNE ou de entidade de administração do desporto a que estiver filiado ou vinculado;

• *Incluído pela Resolução CNE nº 29/2009.*

III – de regulamento, geral ou especial, de competição.

• *Incluído pela Resolução CNE nº 29/2009.*

Pena: multa, de R$ 100,00 (cem reais) a 100.000,00 (cem mil reais), com fixação de prazo para cumprimento da obrigação.

• *Incluído pela Resolução CNE nº 29/2009.*

§ 1º. É facultado ao órgão judicante substituir a pena de multa pela de advertência se a infração for de pequena gravidade.

• *Incluído pela Resolução CNE nº 29/2009.*

§ 2º. Se a infração for cometida por pessoa jurídica, além da pena a ser-lhe aplicada, as pessoas naturais responsáveis pela infração ficarão sujeitas a suspensão automática enquanto perdurar o descumprimento.

• *Incluído pela Resolução CNE nº 29/2009.*

Art. 192. (Revogado).

• *Revogado pela Resolução CNE nº 29/2009.*

Pena: (Revogada).

• *Revogada pela Resolução CNE nº 29/2009.*

Art. 193. (Revogado).

• *Revogado pela Resolução CNE nº 29/2009.*

Pena: (Revogada).

• *Revogada pela Resolução CNE nº 29/2009.*

Art. 194. (Revogado).

• *Revogado pela Resolução CNE nº 29/2009.*

Pena: (Revogada).

• *Revogada pela Resolução CNE nº 29/2009.*

Art. 195. (Revogado).

• *Revogado pela Resolução CNE nº 29/2009.*

Pena: (Revogada).

• *Revogada pela Resolução CNE nº 29/2009.*

Art. 196. (Revogado).

• *Revogado pela Resolução CNE nº 29/2009.*

Pena: (Revogada).

• *Revogada pela Resolução CNE nº 29/2009.*

Art. 197. (Revogado).

• *Revogado pela Resolução CNE nº 29/2009.*

Pena: (Revogada).

• *Revogada pela Resolução CNE nº 29/2009.*

Art. 198. (Revogado).

• *Revogado pela Resolução CNE nº 29/2009.*

Pena: (Revogada).

• *Revogada pela Resolução CNE nº 29/2009.*

Art. 199. (Revogado).

• *Revogado pela Resolução CNE nº 29/2009.*

Pena: (Revogada).

• *Revogada pela Resolução CNE nº 29/2009.*

Art. 200. (Revogado).

• *Revogado pela Resolução CNE nº 29/2009.*

Pena: (Revogada).

• *Revogada pela Resolução CNE nº 29/2009.*

Art. 201. Recusar acesso em praça de desporto, pública ou particular, aos auditores e procuradores atuantes perante os respectivos órgãos judicantes da Justiça Desportiva, na hipótese do art. 20 deste Código.

• *Redação dada pela Resolução CNE nº 29/2009.*

Pena: multa, de R$ 100,00 (cem reais) a R$ 10.000,00 (dez mil reais), com fixação de prazo para cumprimento da obrigação, podendo ser cumulada com a interdição do local para a prática de qualquer atividade relativa à respectiva modalidade enquanto perdurar o descumprimento.

• *Redação dada pela Resolução CNE nº 29/2009.*

Parágrafo único. É facultado ao órgão judicante substituir a pena de multa pela de advertência se a infração for de pequena gravidade.

• *Incluído pela Resolução CNE nº 29/2009.*

Art. 202. (Revogado).

• *Revogado pela Resolução CNE nº 29/2009.*

Pena: (Revogada).

• *Revogada pela Resolução CNE nº 29/2009.*

Art. 203. Deixar de disputar, sem justa causa, partida, prova ou o equivalente na respectiva modalidade, ou dar causa à sua não realização ou à sua suspensão.

• *Redação dada pela Resolução CNE nº 29/2009.*

Pena: multa, de R$ 100,00 (cem reais) a R$ 100.000,00 (cem mil reais), e perda dos pontos em disputa a favor do adversário, na forma do regulamento.

• *Redação dada pela Resolução CNE nº 29/2009.*

§ 1º. A entidade de prática desportiva também fica sujeita às penas deste artigo se a suspensão da partida tiver sido comprovadamente causada ou provocada por sua torcida.

• *Incluído pela Resolução CNE nº 29/2009.*

§ 2º. Se da infração resultar benefício ou prejuízo desportivo a terceiro, o órgão judicante poderá aplicar a pena de exclusão da competição em disputa.

• *Incluído pela Resolução CNE nº 29/2009.*

§ 3º. Em caso de reincidência específica, a entidade de prática desportiva será excluída do campeonato, torneio ou equivalente em disputa.

• *Incluído pela Resolução CNE nº 29/2009.*

§ 4º. Para os fins do § 3º, considerar-se-á reincidente a entidade de prática desportiva quando a infração for praticada em campeonato, torneio ou equivalente da mesma categoria, observada a regra do art. 179, § 2º.

• *Incluído pela Resolução CNE nº 29/2009.*

Art. 204. Abandonar a disputa de campeonato, torneio ou equivalente, da respectiva modalidade, após o seu início.

Pena: multa, de R$ 100,00 (cem reais) a R$ 100.000,00 (cem mil reais), sendo as consequências desportivas decorrentes do abandono dirimidas pelo respectivo regulamento.

• *Redação dada pela Resolução CNE nº 29/2009.*

Art. 205. Impedir o prosseguimento de partida, prova ou equivalente que estiver disputando, por insuficiência numérica intencional de seus atletas ou por qualquer outra forma.

• *Redação dada pela Resolução CNE nº 29/2009.*

Pena: multa, de R$ 100,00 (cem reais) a R$ 100.000,00 (cem mil reais), e perda dos pontos em disputa a favor do adversário, na forma do regulamento.

• *Redação dada pela Resolução CNE nº 29/2009.*

Parágrafo único (Revogado).

• *Revogado pela Resolução CNE nº 29/2009.*

§ 1º. A entidade de prática desportiva fica sujeita às penas deste artigo se a suspensão da partida tiver sido comprovadamente causada ou provocada por sua torcida.

• *Incluído pela Resolução CNE nº 29/2009.*

§ 2º. Se da infração resultar benefício ou prejuízo desportivo a terceiro, o órgão judicante poderá aplicar a pena de exclusão do campeonato, torneio ou equivalente em disputa.

• *Incluído pela Resolução CNE nº 29/2009.*

§ 3º. Em caso de reincidência específica, a entidade de prática desportiva será excluída do campeonato, torneio ou equivalente em disputa.

• *Incluído pela Resolução CNE nº 29/2009.*

§ 4º. Para os fins do § 3º, considerar-se-á reincidente a entidade de prática desportiva quando a infração for praticada em campeonato, torneio ou equivalente da mesma categoria, observada a regra do art. 179, § 2º.

• *Incluído pela Resolução CNE nº 29/2009.*

§ 5º. Para os fins deste artigo, presume-se a intenção de impedir o prosseguimento quando o resultado da suspensão da partida, prova ou equivalente for mais favorável ao infrator do que ao adversário.

• *Incluído pela Resolução CNE nº 29/2009.*

Art. 206. Dar causa ao atraso do início da realização de partida, prova ou equivalente, ou deixar de apresentar a sua equipe em campo até a hora marcada para o início ou reinício da partida, prova ou equivalente.

• *Redação dada pela Resolução CNE nº 29/2009.*

Pena: multa de R$ 100,00 (cem reais) até R$ 1.000,00 (mil reais) por minuto.

• *Redação dada pela Resolução CNE nº 29/2009.*

§ 1º. Se o atraso for superior ao tempo previsto no regulamento de competição da respectiva modalidade, o infrator responderá pelas penas previstas no art. 203.

• *Incluído pela Resolução CNE nº 29/2009.*

§ 2º. Quando duas ou mais partidas forem disputadas no mesmo horário e verificar-se que o atraso da equipe permitiu ao infrator conhecer resultados de outras partidas antes que a sua estivesse encerrada, a multa será de R$ 10.000,00 (dez mil reais) a R$ 100.000,00 (cem mil reais).

• *Incluído pela Resolução CNE nº 29/2009.*

Art. 207. Ordenar ao atleta que não atenda à requisição ou convocação feita por entidade de administração de desporto, para competição oficial ou amistosa, ou que se omita, de qualquer modo.

Pena: multa, de R$ 100,00 (cem reais) a R$ 100.000,00 (cem mil reais).

• *Redação dada pela Resolução CNE nº 29/2009.*

Art. 208. (Revogado).

• *Revogado pela Resolução CNE nº 29/2009.*

Pena: (Revogada).

• *Revogada pela Resolução CNE nº 29/2009.*

Art. 209. (Revogado).

• *Revogado pela Resolução CNE nº 29/2009.*

Pena: (Revogada).

• *Revogada pela Resolução CNE nº 29/2009.*

Art. 210. (Revogado).

• *Revogado pela Resolução CNE nº 29/2009.*

Pena: (Revogada).

• *Revogada pela Resolução CNE nº 29/2009.*

Art. 211. Deixar de manter o local que tenha indicado para realização do evento com infraestrutura necessária a assegurar plena garantia e segurança para sua realização.

Pena: multa, de R$ 100,00 (cem reais) a R$ 100.000,00 (cem mil reais), e interdição do local, quando for o caso, até a satisfação das exigências que constem da decisão.

• *Redação dada pela Resolução CNE nº 29/2009.*

Parágrafo único. Incide nas mesmas penas a entidade mandante que não assegurar, à delegação visitante, livre acesso ao local da competição e aos vestiários.

• *Incluído pela Resolução CNE nº 11/2006 e Resolução CNE nº 13/2006.*

Art. 212. (Revogado).

• *Revogado pela Resolução CNE nº 29/2009.*

Pena: (Revogada).

• *Revogada pela Resolução CNE nº 29/2009.*

Art. 213. Deixar de tomar providências capazes de prevenir e reprimir:

• *Redação dada pela Resolução CNE nº 29/2009.*

I – desordens em sua praça de desporto;

• *Incluído pela Resolução CNE nº 29/2009.*

II – invasão do campo ou local da disputa do evento desportivo;

• *Incluído pela Resolução CNE nº 29/2009.*

III – lançamento de objetos no campo ou local da disputa do evento desportivo.

• *Incluído pela Resolução CNE nº 29/2009.*

Pena: multa, de R$ 100,00 (cem reais) a R$ 100.000,00 (cem mil reais).

• *Redação dada pela Resolução CNE nº 29/2009.*

§ 1º. Quando a desordem, invasão ou lançamento de objeto for de elevada gravidade ou causar prejuízo ao andamento do evento desportivo, a entidade de prática poderá ser punida com a perda do mando de campo de uma a dez partidas, provas ou equivalentes, quando participante da competição oficial.

• *Redação dada pela Resolução CNE nº 29/2009.*

§ 2º. Caso a desordem, invasão ou lançamento de objeto seja feito pela torcida da entidade adversária, tanto a entidade mandante como a entidade adversária serão puníveis, mas somente quando comprovado que também contribuíram para o fato.

• *Redação dada pela Resolução CNE nº 29/2009.*

§ 3º. A comprovação da identificação e detenção dos autores da desordem, invasão ou lançamento de objetos, com apresentação à autoridade policial competente e registro de boletim de ocorrência contemporâneo ao evento, exime a entidade de responsabilidade, sendo também admissíveis outros meios de prova suficientes para demonstrar a inexistência de responsabilidade.

• *Redação dada pela Resolução CNE nº 29/2009.*

§ 4º. (Revogado).

• *Revogado pela Resolução CNE nº 29/2009.*

§ 5º. (Revogado).

• *Revogado pela Resolução CNE nº 29/2009.*

§ 6º. (Revogado).

• *Revogado pela Resolução CNE nº 29/2009.*

Art. 214. Incluir na equipe, ou fazer constar da súmula ou documento equivalente, atleta em situação irregular para participar de partida, prova ou equivalente.

• *Redação dada pela Resolução CNE nº 29/2009.*

Pena: perda do número máximo de pontos atribuídos a uma vitória no regulamento da competição, independentemente do resultado da partida, prova ou equivalente, e multa de R$ 100,00 (cem reais) a R$ 100.000,00 (cem mil reais).

• *Redação dada pela Resolução CNE nº 29/2009.*

§ 1º. Para os fins deste artigo, não serão computados os pontos eventualmente obtidos pelo infrator.

• *Redação dada pela Resolução CNE nº 29/2009.*

§ 2º. O resultado da partida, prova ou equivalente será mantido, mas à entidade infratora não serão computados eventuais critérios de desempate que lhe beneficiem, constantes do regulamento da competição, como, entre outros, o registro da vitória ou de pontos marcados.

• *Redação dada pela Resolução CNE nº 29/2009.*

§ 3º. A entidade de prática desportiva que ainda não tiver obtido pontos suficientes ficará com pontos negativos.

§ 4º. Não sendo possível aplicar-se a regra prevista neste artigo em face da forma de disputa da competição, o infrator será excluído da competição.

• *Redação dada pela Resolução CNE nº 29/2009.*

Art. 215. (Revogado).

• *Revogado pela Resolução CNE nº 29/2009.*

Pena: (Revogada).

• *Revogada pela Resolução CNE nº 29/2009.*

Parágrafo único. (Revogado).

• *Revogado pela Resolução CNE nº 29/2009.*

Capítulo II

• *Revogado pela Resolução CNE nº 29/2009.*

Art. 216. Celebrar contrato de trabalho com duas ou mais entidades de prática desportiva, por tempo de vigência sobrepostos, levados a registro.

• *Redação dada pela Resolução CNE nº 29/2009.*

Pena: suspensão de trinta a cento e oitenta dias, podendo ser cumulada com multa de R$ 100,00 (cem reais) a R$ 100.000,00 (cem mil reais).

• *Redação dada pela Resolução CNE nº 29/2009.*

Parágrafo único. Incorre nas mesmas penas:

• *Incluído pela Resolução CNE nº 29/2009.*

I – aquele que requerer inscrição por mais de uma entidade de prática desportiva ou omitir, no pedido de inscrição, sua vinculação a outra entidade de prática desportiva;

• *Incluído pela Resolução CNE nº 29/2009.*

II – a entidade de prática desportiva que celebrar, no mesmo ato, dois ou mais contratos de trabalho consecutivos com o mesmo atleta, para períodos seguidos.

• *Incluído pela Resolução CNE nº 29/2009.*

Art. 217. (Revogado).

• *Revogado pela Resolução CNE nº 29/2009.*

Pena: (Revogada).

• *Revogada pela Resolução CNE nº 29/2009.*

Art. 218. (Revogado).

• *Revogado pela Resolução CNE nº 29/2009.*

Pena: (Revogada).

• *Revogada pela Resolução CNE nº 29/2009.*

Art. 219. Danificar praça de desportos, sede ou dependência de entidade de prática desportiva.

Pena: suspensão de trinta a cento e oitenta dias, podendo ser cumulada com multa de R$ 100,00 (cem reais) a R$ 100.000,00 (cem mil reais), além de indenização pelos danos causados, a ser fixada pelo órgão judicante competente.

• *Redação dada pela Resolução CNE nº 29/2009.*

Capítulo II – Das Infrações Referentes à Justiça Desportiva

Art. 220. Deixar a autoridade desportiva que tomou conhecimento de falsidade documental de comunicar a infração ao competente órgão judicante.

Pena: suspensão de trinta a noventa dias, e, na reincidência, eliminação.

Art. 220-A. Deixar de:

• *Incluído pela Resolução CNE nº 29/2009.*

I – colaborar com os órgãos da Justiça Desportiva e com as demais autoridades desportivas na apuração de irregularidades ou infrações disciplinares;

• *Incluído pela Resolução CNE nº 29/2009.*

II – comparecer, injustificadamente, ao órgão de Justiça Desportiva, quando regularmente intimado;

• *Incluído pela Resolução CNE nº 29/2009.*

III – tomar providências para o comparecimento à entidade de administração do desporto, ou a órgão judicante da Justiça Desportiva, de pessoas que lhe sejam vinculadas, quando convocadas por seu intermédio.

• *Incluído pela Resolução CNE nº 29/2009.*

Pena: multa, de R$ 100,00 (cem reais) a R$ 100.000,00 (cem mil reais), com fixação de prazo para cumprimento da obrigação.

• *Incluído pela Resolução CNE nº 29/2009.*

§ 1º. É facultado ao órgão judicante substituir a pena de multa pela de advertência se a infração for de pequena gravidade.

• *Incluído pela Resolução CNE nº 29/2009.*

§ 2º. Se a infração for cometida por pessoa jurídica, além da pena a ser-lhe aplicada, as pessoas naturais responsáveis pela infração e pelo respectivo cumprimento da obrigação ficarão sujeitas à suspensão automática enquanto não a cumprir.

• *Incluído pela Resolução CNE nº 29/2009.*

Art. 221. Dar causa, por erro grosseiro ou sentimento pessoal, à instauração de inquérito ou processo na Justiça Desportiva.

• *Redação dada pela Resolução CNE nº 29/2009.*

Pena: suspensão de quinze a trezentos e sessenta dias à pessoa natural ou, tratando-se de entidade de administração ou de prática desportiva, multa de R$ 100,00 (cem reais) a R$ 100.000,00 (cem mil reais).

• *Redação dada pela Resolução CNE nº 29/2009.*

Art. 222. Prestar depoimento falso perante a Justiça Desportiva.

Pena: suspensão de noventa a trezentos e sessenta dias e, na reincidência, eliminação.

Parágrafo único. A infração deixa de ser punível se o agente, antes do julgamento, se retratar e declarar a verdade.

Art. 223. Deixar de cumprir ou retardar o cumprimento de decisão, resolução, transação disciplinar desportiva ou determinação da Justiça Desportiva.

• *Redação dada pela Resolução CNE nº 29/2009.*

Pena: multa, de R$ 100,00 (cem reais) a R$ 100.000,00 (cem mil reais).

• *Redação dada pela Resolução CNE nº 29/2009.*

Parágrafo único. Quando o infrator for pessoa natural, a pena será de suspensão automática até que se cumpra a decisão, resolução ou determinação, além de suspensão por noventa a trezentos e sessenta dias e, na reincidência, eliminação.

• *Redação dada pela Resolução CNE nº 29/2009.*

Art. 224. (Revogado).

• *Revogado pela Resolução CNE nº 29/2009.*

Pena: (Revogada).

• *Revogada pela Resolução CNE nº 29/2009.*

Art. 225. (Revogado).

• *Revogado pela Resolução CNE nº 29/2009.*

Pena: (Revogada).

• *Revogada pela Resolução CNE nº 29/2009.*

Art. 226. Deixar a entidade de administração do desporto da mesma jurisdição territorial de prover os órgãos da Justiça Desportiva dos recursos humanos e materiais necessários ao seu pleno e célere funcionamento quando devidamente notificado pelo Presidente do Tribunal (STJD ou TJD), dentro do prazo fixado na notificação.

Pena: suspensão do Presidente da entidade desportiva, ou de quem faça suas vezes até o integral cumprimento da obrigação.

Art. 227. Admitir ao exercício de cargo ou função, remunerados ou não, quem estiver eliminado ou em cumprimento de pena disciplinar, na mesma modalidade.

Pena: multa, de R$ 100,00 (cem reais) a R$ 100.000,00 (cem mil reais).

• *Redação dada pela Resolução CNE nº 29/2009.*

Art. 228. Exercer cargo, função ou atividade, na modalidade desportiva, durante o período em que estiver suspenso por decisão da Justiça Desportiva.

Pena: suspensão de noventa a cento e oitenta dias, sem prejuízo da pena anteriormente imposta.

Art. 229. Dar ou oferecer vantagem a testemunha, perito, tradutor ou intérprete, para fazer afirmação falsa, negar ou calar a verdade em depoimento, perícia, tradução ou interpretação.

Pena: suspensão de trezentos e sessenta a setecentos e vinte dias e eliminação no caso de reincidência.

• *Redação dada pela Resolução CNE nº 29/2009.*

Parágrafo único. Na mesma pena incorrer aquele que aceita a vantagem oferecida.

• *Incluído pela Resolução CNE nº 29/2009.*

Art. 230. Não devolver os autos à Secretaria no prazo estabelecido:

Pena: multa de até R$ 1.000,00 (mil reais) por dia de atraso.

• *Alterado pela Resolução CNE nº 11/2006 e Resolução CNE nº 13/2006.*

Art. 231. Pleitear, antes de esgotadas todas as instâncias da Justiça Desportiva, matéria referente à disciplina e competições perante o Poder Judiciário, ou beneficiar-se de medidas obtidas pelos mesmos meios por terceiro.

Pena: exclusão do campeonato ou torneio que estiver disputando e multa de R$ 100,00 (cem reais) a R$ 100.000,00 (cem mil reais).

• *Redação dada pela Resolução CNE nº 29/2009.*

Capítulo IV

• *Revogado pela Resolução CNE nº 29/2009.*

Art. 232. (Revogado).

• *Revogado pela Resolução CNE nº 29/2009.*

Pena: (Revogada).

• *Revogada pela Resolução CNE nº 29/2009.*

Art. 233. (Revogado).

• *Revogado pela Resolução CNE nº 29/2009.*

Pena: (Revogada).

• *Revogada pela Resolução CNE nº 29/2009.*

TÍTULO IX

• *Revogado pela Resolução CNE nº 29/2009.*

Capítulo I

• *Revogado pela Resolução CNE nº 29/2009.*

Capítulo V – Das Infrações Contra a Ética Desportiva

Art. 234. Falsificar, no todo ou em parte, documento público ou particular, omitir declaração que nele deveria constar, inserir ou fazer inserir declaração falsa ou diversa da que deveria ser escrita, para o fim de usá-lo perante a Justiça Desportiva ou entidade desportiva.

Pena: suspensão de cento e oitenta a setecentos e vinte dias, multa de R$ 100,00 (cem reais) a R$ 100.000,00 (cem mil reais) e eliminação na reincidência; se a infração for cometida por qualquer das pessoas naturais elencadas no art. 1º, § 1º, VI, a suspensão mínima será de trezentos e sessenta dias.

• *Redação dada pela Resolução CNE nº 29/2009.*

§ 1º. Nas mesmas penas incorrerá quem fizer uso do documento falsificado na forma deste artigo, conhecendo-lhe a falsidade.

§ 2º. No caso de falsidade de documento público, após o trânsito em julgado da decisão que a reconhecer, o Presidente do órgão judicante encaminhará ao Ministério Público os elementos necessários à apuração da responsabilidade criminal.

§ 3º. Equipara-se a documento, para os efeitos deste artigo, as provas fotográficas, fonográficas, cinematográficas, de vídeo tape e as imagens fixadas por qualquer meio eletrônico.

Art. 235. Atestar ou certificar falsamente, em razão da função, fato ou circunstância que habilite atleta a obter registro, condição de jogo, inscrição, transferência ou qualquer vantagem indevida.

Pena: multa, de R$ 100,00 (cem reais) a R$ 100.000,00 (cem mil reais), suspensão de cento e oitenta a setecentos e vinte dias e eliminação no caso de reincidência.

• *Redação dada pela Resolução CNE nº 29/2009.*

Art. 236. Usar, em atividade desportiva, como própria, carteira de atleta ou qualquer documento de identidade de outrem ou ceder a outrem, para que dele se utilize, documento dessa natureza, próprio ou de terceiro.

Pena: multa, de R$ 100,00 (cem reais) a R$ 100.000,00 (cem mil reais), suspensão de cento e oitenta a setecentos e vinte dias e eliminação no caso de reincidência.

• *Redação dada pela Resolução CNE nº 29/2009.*

Capítulo II

• *Revogado pela Resolução CNE nº 29/2009.*

Art. 237. Dar ou prometer vantagem indevida a quem exerça cargo ou função, remunerados ou não, em qualquer entidade desportiva ou órgão da Justiça Desportiva, para que pratique, omita ou retarde ato de ofício ou, ainda, para que o faça contra disposição expressa de norma desportiva.

Pena: multa, de R$ 100,00 (cem reais) a R$ 100.000,00 (cem mil reais), suspensão de trezentos e sessenta a setecentos e vinte dias e eliminação no caso de reincidência.

• *Redação dada pela Resolução CNE nº 29/2009.*

Art. 238. Receber ou solicitar, para si ou para outrem, vantagem indevida em razão de cargo ou função, remunerados ou não, em qualquer entidade desportiva ou órgão da Justiça Desportiva, para praticar, omitir ou retardar ato de ofício, ou, ainda, para fazê-lo contra disposição expressa de norma desportiva.

Pena: multa, de R$ 100,00 (cem reais) a R$ 100.000,00 (cem mil reais), suspensão de trezentos e sessenta a setecentos e vinte dias e eliminação no caso de reincidência.

• *Redação dada pela Resolução CNE nº 29/2009.*

Art. 239. Deixar de praticar ato de ofício, por interesse pessoal ou para favorecer ou prejudicar outrem ou praticá-lo, para os mesmos fins, com abuso de poder ou excesso de autoridade.

Pena: multa, de R$ 100,00 (cem reais) a R$ 100.000,00 (cem mil reais), suspensão de cento e vinte a trezentos e sessenta dias e eliminação no caso de reincidência.

• *Redação dada pela Resolução CNE nº 29/2009.*

Art. 240. Aliciar atleta autônomo ou pertencente a qualquer entidade desportiva.

Pena: multa, de R$ 100,00 (cem reais) a R$ 100.000,00 (cem mil reais), e suspensão de sessenta a cento e oitenta dias.

• *Redação dada pela Resolução CNE nº 29/2009.*

Parágrafo único. Comprovado o comprometimento da entidade desportiva no aliciamento, será ela punida com a pena de multa de R$ 100,00 (cem reais) a R$ 100.000,00 (cem mil reais).

• *Redação dada pela Resolução CNE nº 29/2009.*

Art. 241. Dar ou prometer qualquer vantagem a árbitro ou auxiliar de arbitragem para que influa no resultado da partida, prova ou equivalente.

Pena: multa, de R$ 100,00 (cem reais) a R$ 100.000,00 (cem mil reais), e eliminação.

• *Redação dada pela Resolução CNE nº 29/2009.*

Parágrafo único. Na mesma pena incorrerá:

I – o intermediário;

II – o árbitro e o auxiliar de arbitragem que aceitarem a vantagem.

Art. 242. Dar ou prometer vantagem indevida a membro de entidade desportiva, dirigente, técnico, atleta ou qualquer pessoa natural mencionada no art. 1º, § 1º, VI, para que, de qualquer modo, influencie o resultado de partida, prova ou equivalente.

• *Redação dada pela Resolução CNE nº 29/2009.*

Pena: multa, de R$ 100,00 (cem reais) a R$ 100.000,00 (cem mil reais), e eliminação.

Parágrafo único. Na mesma pena incorrerá o intermediário.

Art. 243. Atuar, deliberadamente, de modo prejudicial à equipe que defende.

Pena: multa, de R$ 100,00 (cem reais) a R$ 100.000,00 (cem mil reais), e suspensão de cento e oitenta a trezentos e sessenta dias.

• *Redação dada pela Resolução CNE nº 29/2009.*

§ 1º. Se a infração for cometida mediante pagamento ou promessa de qualquer vantagem, a pena será de suspensão de trezentos e sessenta a setecentos e vinte dias e eliminação no caso de reincidência, além de multa, de R$ 100,00 (cem reais) a R$ 100.000,00 (cem mil reais).

• *Redação dada pela Resolução CNE nº 29/2009.*

§ 2º. O autor da promessa ou da vantagem será punido com pena de eliminação, além de multa, de R$ 100,00 (cem reais) a R$ 100.000,00 (cem mil reais).

• *Redação dada pela Resolução CNE nº 29/2009.*

Art. 243-A. Atuar, de forma contrária à ética desportiva, com o fim de influenciar o resultado de partida, prova ou equivalente.

• *Incluído pela Resolução CNE nº 29/2009.*

Pena: multa, de R$ 100,00 (cem reais) a R$ 100.000,00 (cem mil reais), e suspensão de seis a doze partidas, provas ou equivalentes, se praticada por atleta, mesmo se suplente, treinador, médico ou membro da comissão técnica, ou pelo prazo de cento e oitenta a trezentos e sessenta dias, se praticada por qualquer outra pessoa natural submetida a este Código; no caso de reincidência, a pena será de eliminação.

• *Incluído pela Resolução CNE nº 29/2009.*

Parágrafo único. Se do procedimento atingir-se o resultado pretendido, o órgão judicante poderá anular a partida, prova ou equivalente, e as penas serão de multa, de R$ 100,00 (cem reais) a R$ 100.000,00 (cem mil reais), e suspensão de doze a vinte e quatro partidas, provas ou equivalentes, se praticada por atleta, mesmo se suplente, treinador, médico ou membro da comissão técnica, ou pelo prazo de trezentos e sessenta a setecentos e vinte dias, se praticada por qualquer outra pessoa natural submetida a este Código; no caso de reincidência, a pena será de eliminação.

• *Incluído pela Resolução CNE nº 29/2009.*

Art. 243-B. Constranger alguém, mediante violência, grave ameaça ou por qualquer outro meio, a não fazer o que a lei permite ou a fazer o que ela não manda.

• *Incluído pela Resolução CNE nº 29/2009.*

Pena: multa, de R$ 100,00 (cem reais) a R$ 100.000,00 (cem mil reais), e suspensão de trinta a cento e vinte dias.

• *Incluído pela Resolução CNE nº 29/2009.*

Art. 243-C. Ameaçar alguém, por palavra, escrito, gestos ou por qualquer outro meio, a causar-lhe mal injusto ou grave.

• *Incluído pela Resolução CNE nº 29/2009.*

Pena: multa, de R$ 100,00 (cem reais) a R$ 100.000,00 (cem mil reais), e suspensão de trinta a cento e vinte dias.

• *Incluído pela Resolução CNE nº 29/2009.*

Art. 243-D. Incitar publicamente o ódio ou a violência.

• *Incluído pela Resolução CNE nº 29/2009.*

Pena: multa, de R$ 100,00 (cem reais) a R$ 100.000,00 (cem mil reais), e suspensão pelo prazo de trezentos e sessenta a setecentos e vinte dias.

• *Incluído pela Resolução CNE nº 29/2009.*

Parágrafo único. Quando a manifestação for feita por meio da imprensa, rádio, televisão, Internet ou qualquer meio eletrônico, ou for praticada dentro ou nas proximidades da praça desportiva em que for realizada a partida, prova ou equivalente, o infrator poderá sofrer, além da suspensão pelo prazo de trezentos e sessenta a setecentos e vinte dias, pena de multa entre R$ 50.000,00 (cinquenta mil reais) e R$ 100.000,00 (cem mil reais).

• *Incluído pela Resolução CNE nº 29/2009.*

Art. 243-E. Submeter criança ou adolescente, sob sua autoridade, guarda ou vigilância, a vexame ou a constrangimento.

• *Incluído pela Resolução CNE nº 29/2009.*

Pena: multa, de R$ 100,00 (cem reais) a R$ 100.000,00 (cem mil reais), e suspensão pelo prazo de trezentos e sessenta a setecentos e vinte dias.

• *Incluído pela Resolução CNE nº 29/2009.*

§ 1º. Nas mesmas penas incorre, na medida de sua culpabilidade, o técnico responsável pelo atleta desportivamente reincidente na mesma competição.

• *Incluído pela Resolução CNE nº 29/2009.*

§ 2º. O Presidente do Tribunal (STJD ou TJD) encaminhará todas as peças dos autos, assim que oferecida denúncia, ao Conselho Tutelar da Criança e do Adolescente.

• *Incluído pela Resolução CNE nº 29/2009.*

§ 3º. Comprovada a culpabilidade do agente, os autos serão enviados ao Ministério Público, após o trânsito em julgado.

• *Incluído pela Resolução CNE nº 29/2009.*

Art. 243-F. Ofender alguém em sua honra, por fato relacionado diretamente ao desporto.

• *Incluído pela Resolução CNE nº 29/2009.*

Pena: multa, de R$ 100,00 (cem reais) a R$ 100.000,00 (cem mil reais), e suspensão de uma a seis partidas, provas ou equivalentes, se praticada por atleta, mesmo se suplente, treinador, médico ou membro da comissão técnica, e suspensão pelo prazo de quinze a noventa dias, se praticada por qualquer outra pessoa natural submetida a este Código.

• *Incluído pela Resolução CNE nº 29/2009.*

§ 1º. Se a ação for praticada por atleta, mesmo se suplente, treinador, médico ou membro da comissão técnica, contra árbitros, assistentes ou demais membros de equipe de arbitragem, a pena mínima será de suspensão por quatro partidas.

• *Incluído pela Resolução CNE nº 29/2009.*

§ 2º. Para todos os efeitos, o árbitro e seus auxiliares são considerados em função desde a escalação até o término do prazo fixado para a entrega dos documentos da competição na entidade.

• *Incluído pela Resolução CNE nº 29/2009.*

Art. 243-G. Praticar ato discriminatório, desdenhoso ou ultrajante, relacionado a preconceito em razão de origem étnica, raça, sexo, cor, idade, condição de pessoa idosa ou portadora de deficiência.

• *Incluído pela Resolução CNE nº 29/2009.*

Pena: suspensão de cinco a dez partidas, se praticada por atleta, mesmo se suplente, treinador, médico ou membro da comissão técnica, e suspensão pelo prazo de cento e vinte a trezentos e sessenta dias, se praticada por qualquer outra pessoa natural submetida a este Código, além de multa, de R$ 100,00 (cem reais) a R$ 100.000,00 (cem mil reais).

• *Incluído pela Resolução CNE nº 29/2009.*

§ 1º. Caso a infração prevista neste artigo seja praticada simultaneamente por considerável número de pessoas vinculadas a uma mesma entidade de prática desportiva, esta também será punida com a perda do número de pontos atribuídos a uma vitória no regulamento da competição, independentemente do resultado da partida, prova ou equivalente, e, na reincidência, com a perda do dobro do número de pontos atribuídos a uma vitória no regulamento da competição, independentemente do resultado da partida, prova ou equivalente; caso não haja atribuição de pontos pelo regulamento da competição, a entidade de prática desportiva será excluída da competição, torneio ou equivalente.

• *Incluído pela Resolução CNE nº 29/2009.*

§ 2º. A pena de multa prevista neste artigo poderá ser aplicada à entidade de prática desportiva cuja torcida praticar os atos discriminatórios nele tipificados, e os torcedores identificados ficarão proibidos de ingressar na respectiva praça esportiva pelo prazo mínimo de setecentos e vinte dias.

• *Incluído pela Resolução CNE nº 29/2009.*

§ 3º. Quando a infração for considerada de extrema gravidade, o órgão judicante poderá aplicar as penas dos incisos V, VII e XI do art. 170.

• *Incluído pela Resolução CNE nº 29/2009.*

Capítulo III

• *Revogado pela Resolução CNE nº 29/2009.*

Art. 244. (Revogado).

• *Revogado pela Resolução CNE nº 29/2009.*

Pena: (Revogada).

• *Revogada pela Resolução CNE nº 29/2009.*

§ 1º. (Revogado).

• *Revogado pela Resolução CNE nº 29/2009.*

§ 2º. (Revogado).

• *Revogado pela Resolução CNE nº 29/2009.*

§ 3º. (Revogado).

• *Revogado pela Resolução CNE nº 29/2009.*

§ 4º. (Revogado).

• *Revogado pela Resolução CNE nº 29/2009.*

§ 5º. (Revogado).

• *Revogado pela Resolução CNE nº 29/2009.*

§ 6º. (Revogado).

• *Revogado pela Resolução CNE nº 29/2009.*

§ 7º. (Revogado).

• *Revogado pela Resolução CNE nº 29/2009.*

Art. 244-A. As infrações por dopagem são reguladas pela lei, pelas normas internacionais pertinentes e, de forma complementar, pela legislação internacional referente à respectiva modalidade esportiva.

• *Incluído pela Resolução CNE nº 29/2009.*

Art. 245. (Revogado).

• *Revogado pela Resolução CNE nº 29/2009.*

Pena: (Revogada).

• *Revogada pela Resolução CNE nº 29/2009.*

Parágrafo único. (Revogado).

• *Revogado pela Resolução CNE nº 29/2009.*

Art. 246. (Revogado).

• *Revogado pela Resolução CNE nº 29/2009.*

Pena: (Revogada).

• *Revogada pela Resolução CNE nº 29/2009.*

Art. 247. (Revogado).

• *Revogado pela Resolução CNE nº 29/2009.*

Pena: (Revogada).

• *Revogada pela Resolução CNE nº 29/2009.*

Parágrafo único. (Revogado).

• *Revogado pela Resolução CNE nº 29/2009.*

Art. 248. (Revogado).

• *Revogado pela Resolução CNE nº 29/2009.*

Pena: (Revogada).

• *Revogada pela Resolução CNE nº 29/2009.*

Art. 249. (Revogado).

• *Revogado pela Resolução CNE nº 29/2009.*

Pena: (Revogada).

• *Revogada pela Resolução CNE nº 29/2009.*

§ 1º. (Revogado).

• *Revogado pela Resolução CNE nº 29/2009.*

§ 2º. (Revogado).

• *Revogado pela Resolução CNE nº 29/2009.*

Capítulo VI
Das Infrações Relativas à Disputa das Partidas, Provas ou Equivalentes

• *Redação dada pela Resolução CNE nº 29/2009.*

Art. 249-A. A interpretação das infrações previstas neste Capítulo observará as peculiaridades de cada modalidade desportiva submetida a este Código; sempre que este Capítulo oferecer exemplos de infrações, estes não serão exaustivos, e o pressuposto de sua aplicação será a compatibilidade com a dinâmica da respectiva modalidade desportiva.

• *Incluído pela Resolução CNE nº 29/2009.*

Capítulo IV

• *Revogado pela Resolução CNE nº 29/2009.*

Art. 250. Praticar ato desleal ou hostil durante a partida, prova ou equivalente.

Pena: suspensão de uma a três partidas, provas ou equivalentes, se praticada por atleta, mesmo se suplente, treinador, médico ou membro da comissão técnica, e suspensão pelo prazo de quinze a sessenta dias, se praticada por qualquer outra pessoa natural submetida a este Código.

• *Incluído pela Resolução CNE nº 29/2009.*

§ 1º. Constituem exemplos da infração prevista neste artigo, sem prejuízo de outros:

• *Incluído pela Resolução CNE nº 29/2009.*

I – impedir de qualquer forma, em contrariedade às regras de disputa do jogo, uma oportunidade clara de gol, pontuação ou equivalente;

• *Incluído pela Resolução CNE nº 29/2009.*

II – empurrar acintosamente o companheiro ou adversário, fora da disputa da jogada.

• *Incluído pela Resolução CNE nº 29/2009.*

§ 2º. É facultado ao órgão judicante substituir a pena de suspensão pela de advertência se a infração for de pequena gravidade.

• *Incluído pela Resolução CNE nº 29/2009.*

Art. 251. (Revogado).

• *Revogado pela Resolução CNE nº 29/2009.*

Pena: (Revogada).

• *Revogada pela Resolução CNE nº 29/2009.*

Art. 252. (Revogado).

• *Revogado pela Resolução CNE nº 29/2009.*

Pena: (Revogada).

• *Revogada pela Resolução CNE nº 29/2009.*

§ 1º. (Revogado).

• *Revogado pela Resolução CNE nº 29/2009.*

§ 2º. (Revogado).

• *Revogado pela Resolução CNE nº 29/2009.*

§ 3º. (Revogado).

• *Revogado pela Resolução CNE nº 29/2009.*

§ 4º. (Revogado).

• *Revogado pela Resolução CNE nº 29/2009.*

§ 5º. (Revogado).

• *Revogado pela Resolução CNE nº 29/2009.*

Art. 253. (Revogado).

• *Revogado pela Resolução CNE nº 29/2009.*

Pena: (Revogada).

• *Revogada pela Resolução CNE nº 29/2009.*

§ 1º. (Revogado).

• *Revogado pela Resolução CNE nº 29/2009.*

§ 2º. (Revogado).

• *Revogado pela Resolução CNE nº 29/2009.*

Art. 254. Praticar jogada violenta:

Pena: suspensão de uma a seis partidas, provas ou equivalentes.

§ 1º. Constituem exemplos da infração prevista neste artigo, sem prejuízo de outros:

• *Incluído pela Resolução CNE nº 29/2009.*

I – qualquer ação cujo emprego da força seja incompatível com o padrão razoavelmente esperado para a respectiva modalidade;

- *Incluído pela Resolução CNE nº 29/2009.*

II – a atuação temerária ou imprudente na disputa da jogada, ainda que sem a intenção de causar dano ao adversário.

- *Incluído pela Resolução CNE nº 29/2009.*

§ 2º. É facultado ao órgão judicante substituir a pena de suspensão pela de advertência se a infração for de pequena gravidade.

- *Incluído pela Resolução CNE nº 29/2009.*

§ 3º. Na hipótese de o atingido permanecer impossibilitado de praticar a modalidade em consequência de jogada violenta grave, o infrator poderá continuar suspenso até que o atingido esteja apto a retornar ao treinamento, respeitado o prazo máximo de cento e oitenta dias.

- *Incluído pela Resolução CNE nº 29/2009.*

§ 4º. A informação do retorno do atingido ao treinamento dar-se-á mediante comunicação ao órgão judicante (STJD ou TJD) pela entidade de prática desportiva à qual o atingido estiver vinculado.

- *Incluído pela Resolução CNE nº 29/2009.*

Art. 254-A. Praticar agressão física durante a partida, prova ou equivalente.

- *Incluído pela Resolução CNE nº 29/2009.*

Pena: suspensão de quatro a doze partidas, provas ou equivalentes, se praticada por atleta, mesmo se suplente, treinador, médico ou membro da comissão técnica, e suspensão pelo prazo de trinta a cento e oitenta dias, se praticada por qualquer outra pessoa natural submetida a este Código.

- *Incluído pela Resolução CNE nº 29/2009.*

§ 1º. Constituem exemplos da infração prevista neste artigo, sem prejuízo de outros:

- *Incluído pela Resolução CNE nº 29/2009.*

I – desferir dolosamente soco, cotovelada, cabeçada ou golpes similares em outrem, de forma contundente ou assumindo o risco de causar dano ou lesão ao atingido;

- *Incluído pela Resolução CNE nº 29/2009.*

II – desferir chutes ou pontapés, desvinculados da disputa de jogo, de forma contundente ou assumindo o risco de causar dano ou lesão ao atingido.

- *Incluído pela Resolução CNE nº 29/2009.*

§ 2º. Se da agressão resultar lesão corporal grave, atestada por laudo médico, a pena será de suspensão de oito a vinte e quatro partidas.

- *Incluído pela Resolução CNE nº 29/2009.*

§ 3º. Se a ação for praticada contra árbitros, assistentes ou demais membros de equipe de arbitragem, a pena mínima será de suspensão por cento e oitenta dias.

- *Incluído pela Resolução CNE nº 29/2009.*

§ 4º. Na hipótese de o agredido permanecer impossibilitado de praticar a modalidade em consequência da agressão, o agressor poderá continuar suspenso até que o agredido esteja apto a retornar ao treinamento, respeitado o prazo máximo de cento e oitenta dias.

- *Incluído pela Resolução CNE nº 29/2009.*

§ 5º. A informação do retorno do agredido ao treinamento dar-se-á mediante comunicação ao órgão judicante (STJD ou TJD) pela entidade de prática desportiva à qual o agredido estiver vinculado.

• *Incluído pela Resolução CNE nº 29/2009.*

Art. 254-B. Cuspir em outrem:

• *Incluído pela Resolução CNE nº 29/2009.*

Pena: suspensão de seis a doze partidas, provas ou equivalentes, se praticada por atleta, mesmo se suplente, treinador, médico ou membro da comissão técnica, e suspensão pelo prazo de trinta a cento e oitenta dias, se praticada por qualquer outra pessoa natural submetida a este Código.

• *Incluído pela Resolução CNE nº 29/2009.*

Parágrafo único. Se a ação for praticada contra árbitros, assistentes ou demais membros de equipe de arbitragem, a pena mínima será de suspensão por trezentos e sessenta dias, qualquer que seja o infrator.

• *Incluído pela Resolução CNE nº 29/2009.*

Art. 255. (Revogado).

• *Revogado pela Resolução CNE nº 29/2009.*

Pena: (Revogada).

• *Revogada pela Resolução CNE nº 29/2009.*

Art. 256. (Revogado).

• *Revogado pela Resolução CNE nº 29/2009.*

Pena: (Revogada).

• *Revogada pela Resolução CNE nº 29/2009.*

Parágrafo único. (Revogado).

• *Revogado pela Resolução CNE nº 29/2009.*

Art. 257. Participar de rixa, conflito ou tumulto, durante a partida, prova ou equivalente.

Parágrafo único. (Revogado).

• *Revogado pela Resolução CNE nº 29/2009.*

Pena: suspensão de duas a dez partidas, provas ou equivalentes, se praticada por atleta, mesmo se suplente, treinador, médico ou membro da comissão técnica, e suspensão pelo prazo de quinze a cento e oitenta dias, se praticada por qualquer outra pessoa natural submetida a este Código.

• *Redação dada pela Resolução CNE nº 29/2009.*

§ 1º. No caso específico do futebol, a pena mínima será de seis partidas, se praticada por atleta.

• *Incluído pela Resolução CNE nº 29/2009.*

§ 2º. Não constitui infração a conduta destinada a evitar o confronto, a proteger outrem ou a separar os contendores.

• *Incluído pela Resolução CNE nº 29/2009.*

§ 3º. Quando não seja possível identificar todos os contendores, as entidades de prática desportiva cujos atletas, treinadores, membros de comissão técnica, dirigentes ou empregados tenham participado da rixa, conflito ou tumulto serão apenadas com multa de até R$ 20.000,00 (vinte mil reais).

• *Incluído pela Resolução CNE nº 29/2009.*

Art. 258. Assumir qualquer conduta contrária à disciplina ou à ética desportiva não tipificada pelas demais regras deste Código.

• *Redação dada pela Resolução CNE nº 29/2009.*

Pena: suspensão de uma a seis partidas, provas ou equivalentes, se praticada por atleta, mesmo se suplente, treinador, médico ou membro da comissão técnica, e suspensão pelo prazo de quinze a cento e oitenta dias, se praticada por qualquer outra pessoa natural submetida a este Código.

• *Redação dada pela Resolução CNE nº 29/2009.*

§ 1º. É facultado ao órgão judicante substituir a pena de suspensão pela de advertência se a infração for de pequena gravidade.

• *Incluído pela Resolução CNE nº 29/2009.*

§ 2º. Constituem exemplos de atitudes contrárias à disciplina ou à ética desportiva, para os fins deste artigo, sem prejuízo de outros:

I – desistir de disputar partida, depois de iniciada, por abandono, simulação de contusão, ou tentar impedir, por qualquer meio, o seu prosseguimento;

• *Incluído pela Resolução CNE nº 29/2009.*

II – desrespeitar os membros da equipe de arbitragem, ou reclamar desrespeitosamente contra suas decisões.

• *Incluído pela Resolução CNE nº 29/2009.*

Art. 258-A. Provocar o público durante partida, prova ou equivalente.

• *Incluído pela Resolução CNE nº 29/2009.*

Pena: suspensão de duas a seis partidas, provas ou equivalentes, se praticada por atleta, mesmo se suplente, treinador, médico ou membro da comissão técnica, e suspensão pelo prazo de quinze a cento e oitenta dias, se praticada por qualquer outra pessoa natural submetida a este Código.

• *Incluído pela Resolução CNE nº 29/2009.*

Art. 258-B. Invadir local destinado à equipe de arbitragem, ou o local da partida, prova ou equivalente, durante sua realização, inclusive no intervalo regulamentar.

• *Incluído pela Resolução CNE nº 29/2009.*

Pena: suspensão de uma a três partidas, provas ou equivalentes, se praticada por atleta, mesmo se suplente, treinador, médico ou membro da comissão técnica, e suspensão pelo prazo de quinze a cento e oitenta dias, se praticada por qualquer outra pessoa natural submetida a este Código.

• *Incluído pela Resolução CNE nº 29/2009.*

§ 1º. É facultado ao órgão judicante substituir a pena de suspensão pela de advertência se a infração for de pequena gravidade.

• *Incluído pela Resolução CNE nº 29/2009.*

§ 2º. Considera-se invasão o ingresso nos locais mencionados no *caput* sem a necessária autorização.

• *Incluído pela Resolução CNE nº 29/2009.*

Art. 258-C. Dar ou transmitir instruções a atletas, durante a realização de partida, prova ou equivalente, em local proibido pelas regras ou regulamento da modalidade desportiva.

• *Incluído pela Resolução CNE nº 29/2009.*

Pena: suspensão de uma a três partidas.

• *Incluído pela Resolução CNE nº 29/2009.*

Parágrafo único. É facultado ao órgão judicante substituir a pena de suspensão pela de advertência se a infração for de pequena gravidade.

• *Incluído pela Resolução CNE nº 29/2009.*

Art. 258-D. As penalidades de suspensão decorrentes das infrações previstas neste Capítulo poderão ser cumuladas com a aplicação de multa de até R$ 10.000,00 (dez mil reais) para a entidade de prática desportiva a que estiver vinculado o infrator, observados os elementos de dosimetria da pena e, em especial, o previsto no art. 182-A.

• *Incluído pela Resolução CNE nº 29/2009.*

Capítulo V

• *Revogado pela Resolução CNE nº 29/2009.*

Capítulo VII – Das Infrações Relativas à Arbitragem

Art. 259. Deixar de observar as regras da modalidade.

Pena: suspensão de quinze a cento e vinte dias e, na reincidência, suspensão de sessenta a duzentos e quarenta dias, cumuladas ou não com multa, de R$ 100,00 (cem reais) a R$ 1.000,00 (mil reais).

• *Redação dada pela Resolução CNE nº 29/2009.*

Parágrafo único (Revogado).

• *Revogado pela Resolução CNE nº 29/2009.*

§ 1º. A partida, prova ou equivalente poderá ser anulada se ocorrer, comprovadamente, erro de direito relevante o suficiente para alterar seu resultado.

• *Incluído pela Resolução CNE nº 29/2009.*

§ 2º. É facultado ao órgão judicante substituir a pena de suspensão pela de advertência se a infração for de pequena gravidade.

• *Incluído pela Resolução CNE nº 29/2009.*

Art. 260. Omitir-se no dever de prevenir ou de coibir violência ou animosidade entre os atletas, no curso da competição.

Pena: suspensão de trinta a cento e oitenta dias e, na reincidência, suspensão de cento e oitenta a trezentos e sessenta dias, cumuladas ou não com multa, de R$ 100,00 (cem reais) a R$ 1.000,00 (mil reais).

• *Redação dada pela Resolução CNE nº 29/2009.*

Parágrafo único. É facultado ao órgão judicante substituir a pena de suspensão pela de advertência se a infração for de pequena gravidade.

• *Incluído pela Resolução CNE nº 29/2009.*

Art. 261. (Revogado).

• *Revogado pela Resolução CNE nº 29/2009.*

Pena: (Revogada).

• *Revogada pela Resolução CNE nº 29/2009.*

Art. 261-A. Deixar o árbitro, auxiliar ou membro da equipe de arbitragem de cumprir as obrigações relativas à sua função.

• *Incluído pela Resolução CNE nº 29/2009.*

Pena: suspensão de quinze a noventa dias, cumulada ou não com multa, de R$ 100,00 (cem reais) a R$ 1.000,00 (mil reais).

• *Incluído pela Resolução CNE nº 29/2009.*

§ 1º. Constituem exemplos da infração prevista neste artigo, sem prejuízo de outros:

• *Incluído pela Resolução CNE nº 29/2009.*

I – não se apresentar devidamente uniformizado ou apresentar-se sem o material necessário ao desempenho das suas atribuições:

• *Incluído pela Resolução CNE nº 29/2009.*

II – deixar de apresentar-se, sem justo motivo, no local destinado à realização da partida, prova ou equivalente com a antecedência mínima exigida no regulamento para o início da competição.

• *Incluído pela Resolução CNE nº 29/2009.*

III – não conferir documento de identificação das pessoas naturais constantes da súmula ou equivalente.

• *Incluído pela Resolução CNE nº 29/2009.*

IV – deixar de entregar ao órgão competente, no prazo legal, os documentos da partida, prova ou equivalente, regularmente preenchidos;

• *Incluído pela Resolução CNE nº 29/2009.*

V – dar início à partida, prova ou equivalente, ou não interrompê-la quando, no local exclusivo destinado a sua prática, houver qualquer pessoa que não as previstas nas regras das modalidades, regulamentos e normas da competição.

• *Incluído pela Resolução CNE nº 29/2009.*

§ 2º. É facultado ao órgão judicante substituir a pena de suspensão pela de advertência se a infração for de pequena gravidade.

• *Incluído pela Resolução CNE nº 29/2009.*

Art. 262. (Revogado).

• *Revogado pela Resolução CNE nº 29/2009.*

Pena: (Revogada).

• *Revogada pela Resolução CNE nº 29/2009.*

Art. 263. Deixar de comunicar à autoridade competente, em tempo oportuno, que não se encontra em condições de exercer suas atribuições.

Pena: suspensão de cinco a sessenta dias, cumulada ou não com multa, de R$ 100,00 (cem reais) a R$ 1.000,00 (mil reais).

• *Redação dada pela Resolução CNE nº 29/2009.*

Parágrafo único. É facultado ao órgão judicante substituir a pena de suspensão pela de advertência se a infração for de pequena gravidade.

• *Incluído pela Resolução CNE nº 29/2009.*

Art. 264. (Revogado).

• *Revogado pela Resolução CNE nº 29/2009.*

Pena: (Revogada).

• *Revogada pela Resolução CNE nº 29/2009.*

Parágrafo único. (Revogado).

• *Revogada pela Resolução CNE nº 29/2009.*

Art. 265. (Revogado).

• *Revogado pela Resolução CNE nº 29/2009.*

Pena: (Revogada).

• *Revogada pela Resolução CNE nº 29/2009.*

Art. 266. Deixar de relatar as ocorrências disciplinares da partida, prova ou equivalente, ou fazê-lo de modo a impossibilitar ou dificultar a punição de infratores, deturpar os fatos ocorridos ou fazer constar fatos que não tenha presenciado.

Pena: suspensão de trinta a trezentos e sessenta dias, cumulada ou não com multa, de R$ 100,00 (cem reais) a R$ 1.000,00 (mil reais).

• *Redação dada pela Resolução CNE nº 29/2009.*

Parágrafo único. É facultado ao órgão judicante substituir a pena de suspensão pela de advertência se a infração for de pequena gravidade.

• *Incluído pela Resolução CNE nº 29/2009.*

Art. 267. Deixar de solicitar às autoridades competentes as providências necessárias à segurança individual de atletas e auxiliares ou deixar de interromper a partida, caso venham a faltar essas garantias.

Pena: suspensão de trinta a trezentos e sessenta dias, cumulada ou não com multa, de R$ 100,00 (cem reais) a R$ 1.000,00 (mil reais).

• *Redação dada pela Resolução CNE nº 29/2009.*

Parágrafo único. É facultado ao órgão judicante substituir a pena de suspensão pela de advertência se a infração for de pequena gravidade.

• *Incluído pela Resolução CNE nº 29/2009.*

Art. 268. (Revogado).

• *Revogado pela Resolução CNE nº 29/2009.*

Pena: (Revogada).

• *Revogada pela Resolução CNE nº 29/2009.*

Parágrafo único. (Revogado).

• *Revogada pela Resolução CNE nº 29/2009.*

Art. 269. Recusar-se, injustificadamente, a iniciar a partida, prova ou equivalente, ou abandoná-la antes do seu término.

Pena: suspensão de trinta a cento e oitenta dias, cumulada ou não com multa, de R$ 100,00 (cem reais) a R$ 1.000,00 (mil reais).

• *Redação dada pela Resolução CNE nº 29/2009.*

Parágrafo único. É facultado ao órgão judicante substituir a pena de suspensão pela de advertência se a infração for de pequena gravidade.

• *Incluído pela Resolução CNE nº 29/2009.*

Art. 270. (Revogado).

• *Revogado pela Resolução CNE nº 29/2009.*

Pena: (Revogada).

• *Revogada pela Resolução CNE nº 29/2009.*

Art. 271. (Revogado).

• *Revogado pela Resolução CNE nº 29/2009.*

Pena: (Revogada).

• *Revogada pela Resolução CNE nº 29/2009.*

Art. 272. (Revogado).

• *Revogado pela Resolução CNE nº 29/2009.*

Pena: (Revogada).

• *Revogada pela Resolução CNE nº 29/2009.*

Art. 273. Praticar atos com excesso ou abuso de autoridade.

Pena: suspensão de quinze a cento e oitenta dias, cumulada ou não com multa, de R$ 100,00 (cem reais) a R$ 1.000,00 (mil reais).

• *Redação dada pela Resolução CNE nº 29/2009.*

Parágrafo único. É facultado ao órgão judicante substituir a pena de suspensão pela de advertência se a infração for de pequena gravidade.

• *Incluído pela Resolução CNE nº 29/2009.*

Capítulo VI

• *Revogado pela Resolução CNE nº 29/2009.*

Art. 274. (Revogado).

• *Revogado pela Resolução CNE nº 29/2009.*

Pena: (Revogada).

• *Revogada pela Resolução CNE nº 29/2009.*

Art. 275. (Revogado).

• *Revogado pela Resolução CNE nº 29/2009.*

Pena: (Revogada).

• *Revogada pela Resolução CNE nº 29/2009.*

Parágrafo único (Revogado).

• *Revogado pela Resolução CNE nº 29/2009.*

Art. 276. (Revogado).

• *Revogado pela Resolução CNE nº 29/2009.*

Pena: (Revogada).

• *Revogada pela Resolução CNE nº 29/2009.*

Art. 277. (Revogado).

• *Revogado pela Resolução CNE nº 29/2009.*

Pena: (Revogada).

• *Revogada pela Resolução CNE nº 29/2009.*

Art. 278. (Revogado).

• *Revogado pela Resolução CNE nº 29/2009.*

Pena: (Revogada).

• *Revogada pela Resolução CNE nº 29/2009.*

Art. 279. (Revogado).

• *Revogado pela Resolução CNE nº 29/2009.*

Pena: (Revogada).

• *Revogada pela Resolução CNE nº 29/2009.*

Art. 280. (Revogado).

• *Revogado pela Resolução CNE nº 29/2009.*

Pena: (Revogada).

• *Revogada pela Resolução CNE nº 29/2009.*

Parágrafo único. (Revogado).

• *Revogado pela Resolução CNE nº 29/2009.*

TÍTULO X

• *Revogado pela Resolução CNE nº 29/2009.*

Capítulo I

• *Revogado pela Resolução CNE nº 29/2009.*

LIVRO COMPLEMENTAR

DAS DISPOSIÇÕES GERAIS, TRANSITÓRIAS E FINAIS

Capítulo I – Das Disposições Gerais

Art. 281. Não existindo ou, se existindo, deixar de funcionar o órgão judicante, a entidade de administração do desporto designará os seus representantes, que procederão na forma do § 1º do art. 15 deste Código.

Art. 281-A. Para os fins dos arts. 4º e 5º deste Código, não existindo ou, se existindo, deixar de funcionar alguma das entidades por eles listadas, as indicações a serem feitas por tais entidades sê-lo-ão pela respectiva entidade de administração do desporto.

• *Incluído pela Resolução CNE nº 29/2009.*

Parágrafo único. Caso as entidades inexistentes sejam constituídas ou as inativas voltem a funcionar, poderão elas substituir os auditores interinos indicados na forma deste artigo, mediante comunicação dirigida ao Presidente do Tribunal.

• *Incluído pela Resolução CNE nº 29/2009.*

Art. 282. A interpretação das normas deste Código far-se-á com observância das regras gerais de hermenêutica, visando à defesa da disciplina, da moralidade do desporto e do espírito desportivo.

• *Redação dada pela Resolução CNE nº 29/2009.*

§ 1º. Na interpretação deste Código, os termos utilizados no masculino incluem o feminino e vice-versa.

• *Incluído pela Resolução CNE nº 29/2009.*

§ 2º. Para os fins deste Código, o termo "regional" compreende tanto as Regiões como os Estados, o Distrito Federal e os Municípios, conforme o caso.

• *Incluído pela Resolução CNE nº 29/2009.*

§ 3º. Para os fins deste Código, os termos "partida", "prova" ou "equivalentes" compreendem todo o período entre o ingresso e a saída dos limites da praça desportiva, por quaisquer dos participantes do evento.

• *Incluído pela Resolução CNE nº 29/2009.*

Art. 283. Os casos omissos e as lacunas deste Código serão resolvidos com a adoção dos princípios gerais de direito, dos princípios que regem este Código e das normas internacionais aceitas em cada modalidade, vedadas, na definição e qualificação de infrações, as decisões por analogia e a aplicação subsidiária de legislação não desportiva.

- *Redação dada pela Resolução CNE nº 29/2009.*

Art. 284. Após o trânsito em julgado das decisões condenatórias, serão elas remetidas, quando for o caso, aos respectivos órgãos de fiscalização do exercício profissional, para as providências que entenderem necessárias.

- *Redação dada pela Resolução CNE nº 29/2009.*

Capítulo II

- *Revogado pela Resolução CNE nº 29/2009.*

Capítulo II – Das Disposições Transitórias e Finais

Art. 285. (Revogado).

- *Revogado pela Resolução CNE nº 29/2009.*

Art. 285-A. Os mandatos e as funções dos atuais auditores e procuradores ficam mantidos até o seu término, observadas as novas atribuições estipuladas por este Código.

- *Incluído pela Resolução CNE nº 29/2009.*

Art. 286. Este Código e suas alterações entram em vigor na data de sua publicação, mantidas as regras anteriores aos processos em curso.

- *Alterado pela Resolução CNE nº 11/2006 e Resolução CNE nº 13/2006.*

Art. 286-A. Faculta-se às entidades nacionais de administração do desporto propor a adoção de tábua de infrações e penalidades peculiares à respectiva modalidade desportiva em complementação àquelas constantes deste Código.

- *Incluído pela Resolução CNE nº 29/2009.*

Parágrafo único. A proposta referida no *caput* é limitada às infrações e penalidades peculiares, condicionada à prévia apreciação do Conselho Nacional de Esporte, e, se aprovada, será publicada como Anexo ao Código Brasileiro de Justiça Desportiva, sendo seu campo de incidência restrito à respectiva modalidade desportiva.

- *Incluído pela Resolução CNE nº 29/2009.*

Art. 286-B. Os Tribunais de Justiça Desportiva e o STJD de cada modalidade, bem como as Procuradorias que atuam perante estes órgãos, terão o prazo de trezentos e sessenta dias para aprovar seus respectivos regimentos internos, caso inexistentes, sob pena de aplicar-se ao Presidente do órgão judicante, ou ao Procurador-Geral, se for o caso, a penalidade do art. 191.

- *Incluído pela Resolução CNE nº 29/2009.*

Art. 286-C. Incumbe aos Tribunais de Justiça Desportiva e ao STJD, no prazo de trezentos e sessenta dias, emitir ato normativo, no âmbito de sua competência, dispondo sobre critérios para conversão de pena, quando assim admitido por este Código, em medida de interesse social, que, entre outros meios legítimos, poderá se dar mediante a prestação de serviço comunitário nos campos da assistência social, do desporto, da cultura, da educação, da saúde, do voluntariado, além da defesa, preservação e conservação do meio ambiente.

- *Redação dada pela Resolução CNE nº 29/2009.*

Art. 287. Ficam revogadas as Portarias MEC nº 702, de 17 de dezembro de 1981; nº 25 de 24 de janeiro de 1984; nº 328, de 12 de maio de 1987; relativas ao Código Brasileiro Disciplinar de Futebol (CBDF); Portarias MEC nº 629, de 2 de setembro de 1986; nº 877, de 23 de dezembro de 1986, relativas ao Código Brasileiro de Justiça e Disciplina Desportivas (CBJDD), e as Resoluções de Diretoria das entidades de administração do desporto que se tenham incorporado às Portarias ora revogadas, e demais disposições em contrário.

ESTATUTO DE DEFESA DO TORCEDOR

LEI Nº 10.671, DE 15 DE MAIO DE 2003

Dispõe sobre o Estatuto de Defesa do Torcedor e dá outras providências.

O Presidente da República,

Faço saber que o Congresso Nacional decreta e eu sanciono a seguinte Lei:

CAPÍTULO I – DISPOSIÇÕES GERAIS

Art. 1º. Este Estatuto estabelece normas de proteção e defesa do torcedor.

Art. 2º. Torcedor é toda pessoa que aprecie, apóie ou se associe a qualquer entidade de prática desportiva do País e acompanhe a prática de determinada modalidade esportiva.

Parágrafo único. Salvo prova em contrário, presumem-se a apreciação, o apoio ou o acompanhamento de que trata o *caput* deste artigo.

Art. 3º. Para todos os efeitos legais, equiparam-se a fornecedor, nos termos da Lei nº 8.078, de 11 de setembro de 1990, a entidade responsável pela organização da competição, bem como a entidade de prática desportiva detentora do mando de jogo.

Art. 4º. (Vetado).

CAPÍTULO II – DA TRANSPARÊNCIA NA ORGANIZAÇÃO

Art. 5º. São asseguradas ao torcedor a publicidade e transparência na organização das competições administradas pelas entidades de administração do desporto, bem como pelas ligas de que trata o art. 20 da Lei nº 9.615, de 24 de março de 1998.

Parágrafo único. As entidades de que trata o *caput* farão publicar na *internet*, em sítio dedicado exclusivamente à competição, bem como afixar ostensivamente em local visível, em caracteres facilmente legíveis, do lado externo de todas as entradas do local onde se realiza o evento esportivo:

I – a íntegra do regulamento da competição;

II – as tabelas da competição, contendo as partidas que serão realizadas, com especificação de sua data, local e horário;

III – o nome e as formas de contato do Ouvidor da Competição de que trata o art. 6º;

IV – os borderôs completos das partidas;

V – a escalação dos árbitros imediatamente após sua definição; e

VI – a relação dos nomes dos torcedores impedidos de comparecer ao local do evento desportivo.

Art. 6º. A entidade responsável pela organização da competição, previamente ao seu início, designará o Ouvidor da Competição, fornecendo-lhe os meios de comunicação necessários ao amplo acesso dos torcedores.

§ 1º. São deveres do Ouvidor da Competição recolher as sugestões, propostas e reclamações que receber dos torcedores, examiná-las e propor à respectiva entidade medidas necessárias ao aperfeiçoamento da competição e ao benefício do torcedor.

§ 2º. É assegurado ao torcedor:

I – o amplo acesso ao Ouvidor da Competição, mediante comunicação postal ou mensagem eletrônica; e

II – o direito de receber do Ouvidor da Competição as respostas às sugestões, propostas e reclamações, que encaminhou, no prazo de trinta dias.

§ 3º. Na hipótese de que trata o inciso II do § 2º, o Ouvidor da Competição utilizará, prioritariamente, o mesmo meio de comunicação utilizado pelo torcedor para o encaminhamento de sua mensagem.

§ 4º. O sítio da *internet* em que forem publicadas as informações de que trata o parágrafo único do art. 5º conterá, também, as manifestações e propostas do Ouvidor da Competição.

§ 5º. A função de Ouvidor da Competição poderá ser remunerada pelas entidades de prática desportiva participantes da competição.

Art. 7º. É direito do torcedor a divulgação, durante a realização da partida, da renda obtida pelo pagamento de ingressos e do número de espectadores pagantes e não-pagantes, por intermédio dos serviços de som e imagem instalados no estádio em que se realiza a partida, pela entidade responsável pela organização da competição.

Art. 8º. As competições de atletas profissionais de que participem entidades integrantes da organização desportiva do País deverão ser promovidas de acordo com calendário anual de eventos oficiais que:

I – garanta às entidades de prática desportiva participação em competições durante pelo menos dez meses do ano;

II – adote, em pelo menos uma competição de âmbito nacional, sistema de disputa em que as equipes participantes conheçam, previamente ao seu início, a quantidade de partidas que disputarão, bem como seus adversários.

CAPÍTULO III – DO REGULAMENTO DA COMPETIÇÃO

Art. 9º. É direito do torcedor que o regulamento, as tabelas da competição e o nome do Ouvidor da Competição sejam divulgados até sessenta dias antes de seu início, na forma do parágrafo único do art. 5º.

§ 1º. Nos dez dias subsequentes à divulgação de que trata o *caput*, qualquer interessado poderá manifestar-se sobre o regulamento diretamente ao Ouvidor da Competição.

§ 2º. O Ouvidor da Competição elaborará, em setenta e duas horas, relatório contendo as principais propostas e sugestões encaminhadas.

§ 3º. Após o exame do relatório, a entidade responsável pela organização da competição decidirá, em quarenta e oito horas, motivadamente, sobre a conveniência da aceitação das propostas e sugestões relatadas.

§ 4º. O regulamento definitivo da competição será divulgado, na forma do parágrafo único do art. 5º, quarenta e cinco dias antes de seu início.

§ 5º. É vedado proceder alterações no regulamento da competição desde sua divulgação definitiva, salvo nas hipóteses de:

I – apresentação de novo calendário anual de eventos oficiais para o ano subsequente, desde que aprovado pelo Conselho Nacional do Esporte – CNE;

II – após dois anos de vigência do mesmo regulamento, observado o procedimento de que trata este artigo.

§ 6º. A competição que vier a substituir outra, segundo o novo calendário anual de eventos oficiais apresentado para o ano subsequente, deverá ter âmbito territorial diverso da competição a ser substituída.

Art. 10. É direito do torcedor que a participação das entidades de prática desportiva em competições organizadas pelas entidades de que trata o art. 5º seja exclusivamente em virtude de critério técnico previamente definido.

§ 1º. Para os fins do disposto neste artigo, considera-se critério técnico a habilitação de entidade de prática desportiva em razão de colocação obtida em competição anterior.

§ 2º. Fica vedada a adoção de qualquer outro critério, especialmente o convite, observado o disposto no art. 89 da Lei nº 9.615, de 24 de março de 1998.

§ 3º. Em campeonatos ou torneios regulares com mais de uma divisão, será observado o princípio do acesso e do descenso.

§ 4º. Serão desconsideradas as partidas disputadas pela entidade de prática desportiva que não tenham atendido ao critério técnico previamente definido, inclusive para efeito de pontuação na competição.

Art. 11. É direito do torcedor que o árbitro e seus auxiliares entreguem, em até quatro horas contadas do término da partida, a súmula e os relatórios da partida ao representante da entidade responsável pela organização da competição.

§ 1º. Em casos excepcionais, de grave tumulto ou necessidade de laudo médico, os relatórios da partida poderão ser complementados em até vinte e quatro horas após o seu término.

§ 2º. A súmula e os relatórios da partida serão elaborados em três vias, de igual teor e forma, devidamente assinadas pelo árbitro, auxiliares e pelo representante da entidade responsável pela organização da competição.

§ 3º. A primeira via será acondicionada em envelope lacrado e ficará na posse de representante da entidade responsável pela organização da competição, que a encaminhará ao setor competente da respectiva entidade até as treze horas do primeiro dia útil subsequente.

§ 4º. O lacre de que trata o § 3º será assinado pelo árbitro e seus auxiliares.

§ 5º. A segunda via ficará na posse do árbitro da partida, servindo-lhe como recibo.

§ 6º. A terceira via ficará na posse do representante da entidade responsável pela organização da competição, que a encaminhará ao Ouvidor da Competição até as treze horas do primeiro dia útil subsequente, para imediata divulgação.

Art. 12. A entidade responsável pela organização da competição dará publicidade à súmula e aos relatórios da partida no sítio de que trata o parágrafo único do art. 5º até as quatorze horas do primeiro dia útil subsequente ao da realização da partida.

CAPÍTULO IV
DA SEGURANÇA DO TORCEDOR PARTÍCIPE DO EVENTO ESPORTIVO

Art. 13. O torcedor tem direito a segurança nos locais onde são realizados os eventos esportivos antes, durante e após a realização das partidas.

Parágrafo único. Será assegurado acessibilidade ao torcedor portador de deficiência ou com mobilidade reduzida.

Art. 14. Sem prejuízo do disposto nos arts. 12 a 14 da Lei nº 8.078, de 11 de setembro de 1990, a responsabilidade pela segurança do torcedor em evento esportivo é da entidade de prática desportiva detentora do mando de jogo e de seus dirigentes, que deverão:

I – solicitar ao Poder Público competente a presença de agentes públicos de segurança, devidamente identificados, responsáveis pela segurança dos torcedores dentro e fora dos estádios e demais locais de realização de eventos esportivos;

II – informar imediatamente após a decisão acerca da realização da partida, dentre outros, aos órgãos públicos de segurança, transporte e higiene, os dados necessários à segurança da partida, especialmente:

a) o local;

b) o horário de abertura do estádio;

c) a capacidade de público do estádio; e

d) a expectativa de público;

III – colocar à disposição do torcedor orientadores e serviço de atendimento para que aquele encaminhe suas reclamações no momento da partida, em local:

a) amplamente divulgado e de fácil acesso; e

b) situado no estádio.

§ 1º. É dever da entidade de prática desportiva detentora do mando de jogo solucionar imediatamente, sempre que possível, as reclamações dirigidas ao serviço de atendimento referido no inciso III, bem como reportá-las ao Ouvidor da Competição e, nos casos relacionados à violação de direitos e interesses de consumidores, aos órgãos de defesa e proteção do consumidor.

§ 2º. Perderá o mando de campo por, no mínimo, dois meses, sem prejuízo das sanções cabíveis, a entidade de prática desportiva detentora do mando de jogo que não observar o disposto no *caput* deste artigo.

Art. 15. O detentor do mando de jogo será uma das entidades de prática desportiva envolvidas na partida, de acordo com os critérios definidos no regulamento da competição.

Art. 16. É dever da entidade responsável pela organização da competição:

I – confirmar, com até quarenta e oito horas de antecedência, o horário e o local da realização das partidas em que a definição das equipes dependa de resultado anterior;

II – contratar seguro de acidentes pessoais, tendo como beneficiário o torcedor portador de ingresso, válido a partir do momento em que ingressar no estádio;

III – disponibilizar um médico e dois enfermeiros-padrão para cada dez mil torcedores presentes à partida;

IV – disponibilizar uma ambulância para cada dez mil torcedores presentes à partida; e

V – comunicar previamente à autoridade de saúde a realização do evento.

Art. 17. É direito do torcedor a implementação de planos de ação referentes a segurança, transporte e contingências que possam ocorrer durante a realização de eventos esportivos.

§ 1º. Os planos de ação de que trata o *caput*:

I – serão elaborados pela entidade responsável pela organização da competição, com a participação das entidades de prática desportiva que a disputarão; e

II – deverão ser apresentados previamente aos órgãos responsáveis pela segurança pública das localidades em que se realizarão as partidas da competição.

§ 2º. Planos de ação especiais poderão ser apresentados em relação a eventos esportivos com excepcional expectativa de público.

§ 3º. Os planos de ação serão divulgados no sítio dedicado à competição de que trata o parágrafo único do art. 5º no mesmo prazo de publicação do regulamento definitivo da competição.

Art. 18. Os estádios com capacidade superior a vinte mil pessoas deverão manter central técnica de informações, com infraestrutura suficiente para viabilizar o monitoramento por imagem do público presente.

Art. 19. As entidades responsáveis pela organização da competição, bem como seus dirigentes respondem solidariamente com as entidades de que trata o art. 15 e seus dirigentes, independentemente da existência de culpa, pelos prejuízos causados a torcedor que decorram de falhas de segurança nos estádios ou da inobservância do disposto neste capítulo.

CAPÍTULO V – DOS INGRESSOS

Art. 20. É direito do torcedor partícipe que os ingressos para as partidas integrantes de competições profissionais sejam colocados à venda até setenta e duas horas antes do início da partida correspondente.

§ 1º. O prazo referido no *caput* será de quarenta e oito horas nas partidas em que:

I – as equipes sejam definidas a partir de jogos eliminatórios; e

II – a realização não seja possível prever com antecedência de quatro dias.

§ 2º. A venda deverá ser realizada por sistema que assegure a sua agilidade e amplo acesso à informação.

§ 3º. É assegurado ao torcedor partícipe o fornecimento de comprovante de pagamento, logo após a aquisição dos ingressos.

§ 4º. Não será exigida, em qualquer hipótese, a devolução do comprovante de que trata o § 3º.

§ 5º. Nas partidas que compõem as competições de âmbito nacional ou regional de primeira e segunda divisão, a venda de ingressos será realizada em, pelo menos, cinco postos de venda localizados em distritos diferentes da cidade.

Art. 21. A entidade detentora do mando de jogo implementará, na organização da emissão e venda de ingressos, sistema de segurança contra falsificações, fraudes e outras práticas que contribuam para a evasão da receita decorrente do evento esportivo.

Art. 22. São direitos do torcedor partícipe:

I – que todos os ingressos emitidos sejam numerados; e

II – ocupar o local correspondente ao número constante do ingresso.

§ 1º. O disposto no inciso II não se aplica aos locais já existentes para assistência em pé, nas competições que o permitirem, limitando-se, nesses locais, o número de pessoas, de acordo com critérios de saúde, segurança e bem-estar.

§ 2º. A emissão de ingressos e o acesso ao estádio na primeira divisão da principal competição nacional e nas partidas finais das competições eliminatórias de âmbito nacional deverão ser realizados por meio de sistema eletrônico que viabilize a fiscalização e o controle da quantidade de público e do movimento financeiro da partida.

§ 3º. O disposto no § 2º não se aplica aos eventos esportivos realizados em estádios com capacidade inferior a vinte mil pessoas.

Art. 23. A entidade responsável pela organização da competição apresentará ao Ministério Público dos Estados e do Distrito Federal, previamente à sua realização, os laudos técnicos expedidos pelos órgãos e autoridades competentes pela vistoria das condições de segurança dos estádios a serem utilizados na competição.

§ 1º. Os laudos atestarão a real capacidade de público dos estádios, bem como suas condições de segurança.

§ 2º. Perderá o mando de jogo por, no mínimo, seis meses, sem prejuízo das demais sanções cabíveis, a entidade de prática desportiva detentora do mando do jogo em que:

I – tenha sido colocado à venda número de ingressos maior do que a capacidade de público do estádio; ou

II – tenham entrado pessoas em número maior do que a capacidade de público do estádio.

- Vide Decreto nº 6.795, DE 16.6.2009 – *Regulamenta o art. 23 da Lei nº 10.671, de 15 de maio de 2003, que dispõe sobre o controle das condições de segurança dos estádios desportivos* (pág. 108).

Art. 24. É direito do torcedor partícipe que conste no ingresso o preço pago por ele.

§ 1º. Os valores estampados nos ingressos destinados a um mesmo setor do estádio não poderão ser diferentes entre si, nem daqueles divulgados antes da partida pela entidade detentora do mando de jogo.

§ 2º. O disposto no § 1º não se aplica aos casos de venda antecipada de carnê para um conjunto de, no mínimo, três partidas de uma mesma equipe, bem como na venda de ingresso com redução de preço decorrente de previsão legal.

Art. 25. O controle e a fiscalização do acesso do público ao estádio com capacidade para mais de vinte mil pessoas deverá contar com meio de monitoramento por imagem das catracas, sem prejuízo do disposto no art. 18 desta Lei.

CAPÍTULO VI – DO TRANSPORTE

Art. 26. Em relação ao transporte de torcedores para eventos esportivos, fica assegurado ao torcedor partícipe:

I – o acesso a transporte seguro e organizado;

II – a ampla divulgação das providências tomadas em relação ao acesso ao local da partida, seja em transporte público ou privado; e

III – a organização das imediações do estádio em que será disputada a partida, bem como suas entradas e saídas, de modo a viabilizar, sempre que possível, o acesso seguro e rápido ao evento, na entrada, e aos meios de transporte, na saída.

Art. 27. A entidade responsável pela organização da competição e a entidade de prática desportiva detentora do mando de jogo solicitarão formalmente, direto ou mediante convênio, ao Poder Público competente:

I – serviços de estacionamento para uso por torcedores partícipes durante a realização de eventos esportivos, assegurando a estes acesso a serviço organizado de transporte para o estádio, ainda que oneroso; e

II – meio de transporte, ainda que oneroso, para condução de idosos, crianças e pessoas portadoras de deficiência física aos estádios, partindo de locais de fácil acesso, previamente determinados.

Parágrafo único. O cumprimento do disposto neste artigo fica dispensado na hipótese de evento esportivo realizado em estádio com capacidade inferior a vinte mil pessoas.

CAPÍTULO VII – DA ALIMENTAÇÃO E DA HIGIENE

Art. 28. O torcedor partícipe tem direito à higiene e à qualidade das instalações físicas dos estádios e dos produtos alimentícios vendidos no local.

§ 1º. O Poder Público, por meio de seus órgãos de vigilância sanitária, verificará o cumprimento do disposto neste artigo, na forma da legislação em vigor.

§ 2º. É vedado impor preços excessivos ou aumentar sem justa causa os preços dos produtos alimentícios comercializados no local de realização do evento esportivo.

Art. 29. É direito do torcedor partícipe que os estádios possuam sanitários em número compatível com sua capacidade de público, em plenas condições de limpeza e funcionamento.

Parágrafo único. Os laudos de que trata o art. 23 deverão aferir o número de sanitários em condições de uso e emitir parecer sobre a sua compatibilidade com a capacidade de público do estádio.

CAPÍTULO VIII – DA RELAÇÃO COM A ARBITRAGEM ESPORTIVA

Art. 30. É direito do torcedor que a arbitragem das competições desportivas seja independente, imparcial, previamente remunerada e isenta de pressões.

Parágrafo único. A remuneração do árbitro e de seus auxiliares será de responsabilidade da entidade de administração do desporto ou da liga organizadora do evento esportivo.

Art. 31. A entidade detentora do mando do jogo e seus dirigentes deverão convocar os agentes públicos de segurança visando a garantia da integridade física do árbitro e de seus auxiliares.

Art. 32. É direito do torcedor que os árbitros de cada partida sejam escolhidos mediante sorteio, dentre aqueles previamente selecionados.

§ 1º. O sorteio será realizado no mínimo quarenta e oito horas antes de cada rodada, em local e data previamente definidos.

§ 2º. O sorteio será aberto ao público, garantida sua ampla divulgação.

CAPÍTULO IX – DA RELAÇÃO COM A ENTIDADE DE PRÁTICA DESPORTIVA

Art. 33. Sem prejuízo do disposto nesta Lei, cada entidade de prática desportiva fará publicar documento que contemple as diretrizes básicas de seu relacionamento com os torcedores, disciplinando, obrigatoriamente:

I – o acesso ao estádio e aos locais de venda dos ingressos;

II – mecanismos de transparência financeira da entidade, inclusive com disposições relativas à realização de auditorias independentes, observado o disposto no art. 46-A da Lei nº 9.615, de 24 de março de 1998; e

III – a comunicação entre o torcedor e a entidade de prática desportiva.

Parágrafo único. A comunicação entre o torcedor e a entidade de prática desportiva de que trata o inciso III do *caput* poderá, dentre outras medidas, ocorrer mediante:

I – a instalação de uma ouvidoria estável;

II – a constituição de um órgão consultivo formado por torcedores não-sócios; ou

III – reconhecimento da figura do sócio-torcedor, com direitos mais restritos que os dos demais sócios.

CAPÍTULO X – DA RELAÇÃO COM A JUSTIÇA DESPORTIVA

Art. 34. É direito do torcedor que os órgãos da Justiça Desportiva, no exercício de suas funções, observem os princípios da impessoalidade, da moralidade, da celeridade, da publicidade e da independência.

Art. 35. As decisões proferidas pelos órgãos da Justiça Desportiva devem ser, em qualquer hipótese, motivadas e ter a mesma publicidade que as decisões dos tribunais federais.

§ 1º. Não correm em segredo de justiça os processos em curso perante a Justiça Desportiva.

§ 2º. As decisões de que trata o *caput* serão disponibilizadas no sítio de que trata o parágrafo único do art. 5º.

Art. 36. São nulas as decisões proferidas que não observarem o disposto nos arts. 34 e 35.

CAPÍTULO XI – DAS PENALIDADES

Art. 37. Sem prejuízo das demais sanções cabíveis, a entidade de administração do desporto, a liga ou a entidade de prática desportiva que violar ou de qualquer forma concorrer para a violação do disposto nesta Lei, observado o devido processo legal, incidirá nas seguintes sanções:

I – destituição de seus dirigentes, na hipótese de violação das regras de que tratam os Capítulos II, IV e V desta Lei;

II – suspensão por seis meses dos seus dirigentes, por violação dos dispositivos desta Lei não referidos no inciso I;

III – impedimento de gozar de qualquer benefício fiscal em âmbito federal; e

IV – suspensão por seis meses dos repasses de recursos públicos federais da administração direta e indireta, sem prejuízo do disposto no art. 18 da Lei nº 9.615, de 24 de março de 1998.

§ 1º. Os dirigentes de que tratam os incisos I e II do *caput* deste artigo serão sempre:

I – o presidente da entidade, ou aquele que lhe faça as vezes; e

II – o dirigente que praticou a infração, ainda que por omissão.

§ 2º. A União, os Estados, o Distrito Federal e os Municípios poderão instituir, no âmbito de suas competências, multas em razão do descumprimento do disposto nesta Lei.

§ 3º. A instauração do processo apuratório acarretará adoção cautelar do afastamento compulsório dos dirigentes e demais pessoas que, de forma direta ou indiretamente, puderem interferir prejudicialmente na completa elucidação dos fatos, além da suspensão dos repasses de verbas públicas, até a decisão final.

Art. 38. (Vetado).

Art. 39. O torcedor que promover tumulto, praticar ou incitar a violência, ou invadir local restrito aos competidores ficará impedido de comparecer às proximidades, bem como a qualquer local em que se realize evento esportivo, pelo prazo de três meses a um ano, de acordo com a gravidade da conduta, sem prejuízo das demais sanções cabíveis.

§ 1º. Incorrerá nas mesmas penas o torcedor que promover tumulto, praticar ou incitar a violência num raio de cinco mil metros ao redor do local de realização do evento esportivo.

§ 2º. A verificação do mau torcedor deverá ser feita pela sua conduta no evento esportivo ou por Boletins de Ocorrências Policiais lavrados.

§ 3º. A apenação se dará por sentença dos juizados especiais criminais e deverá ser provocada pelo Ministério Público, pela polícia judiciária, por qualquer autoridade, pelo mando do evento esportivo ou por qualquer torcedor partícipe, mediante representação.

Art. 40. A defesa dos interesses e direitos dos torcedores em juízo observará, no que couber, a mesma disciplina da defesa dos consumidores em juízo de que trata o Título III da Lei nº 8.078, de 11 de setembro de 1990.

Art. 41. A União, os Estados, o Distrito Federal e os Municípios promoverão a defesa do torcedor, e, com a finalidade de fiscalizar o cumprimento do disposto nesta Lei, poderão:

I – constituir órgão especializado de defesa do torcedor; ou

II – atribuir a promoção e defesa do torcedor aos órgãos de defesa do consumidor.

CAPÍTULO XII – DISPOSIÇÕES FINAIS E TRANSITÓRIAS

Art. 42. O Conselho Nacional de Esportes – CNE promoverá, no prazo de seis meses, contado da publicação desta Lei, a adequação do Código de Justiça Desportiva ao disposto na Lei nº 9.615, de 24 de março de 1998, nesta Lei e em seus respectivos regulamentos.

Art. 43. Esta Lei aplica-se apenas ao desporto profissional.

Art. 44. O disposto no parágrafo único do art. 13, e nos arts. 18, 22, 25 e 33 entrará em vigor após seis meses da publicação desta Lei.

Art. 45. Esta Lei entra em vigor na data de sua publicação.

Brasília, 15 de maio de 2003; 182º da Independência e 115º da República.

Luiz Inácio Lula da Silva

DOU de 16.5.2003

NORMAS COMPLEMENTARES

LEI Nº 9.615, DE 24 DE MARÇO DE 1988

(Excertos)

Institui normas gerais sobre desporto e dá outras providências.

....

Capítulo VII – Da Justiça Desportiva

Art. 49. A Justiça Desportiva a que se referem os §§ 1º e 2º do art. 217 da Constituição Federal e o art. 33 da Lei nº 8.028, de 12 de abril de 1990, regula-se pelas disposições deste Capítulo.

- *Constituição da República Federativa do Brasil:*

Art. 217. É dever do Estado fomentar práticas desportivas formais e não formais, como direito de cada um, observados: (...)

§ 2º. A Justiça Desportiva terá o prazo máximo de 60 (sessenta) dias, contados da instauração do processo, para proferir decisão final. (...)

•• *Lei nº 8.028, de 12 de abril de 1990 – Dispõe sobre a organização da Presidência da República e dos Ministérios, e dá outras providências:*

Art. 33. Lei de normas gerais sobre desportos disporá sobre o processo de julgamento das questões relativas à disciplina e às competições desportivas.

Art. 50. A organização, o funcionamento e as atribuições da Justiça Desportiva, limitadas ao processo e julgamento das infrações disciplinares e às competições desportivas, serão definidas em códigos desportivos, facultando-se às ligas constituir seus próprios órgãos judicantes desportivos, com atuação restrita às suas competições.

- *Art. 50, caput, com redação dada pela Lei nº 10.672, de 15.5.2003.*

§ 1º. As transgressões relativas à disciplina e às competições desportivas sujeitam o infrator a:

I – advertência;

II – eliminação;

III – exclusão de campeonato ou torneio;

IV – indenização;

V – interdição de praça de desportos:

VI – multa;

VII – perda do mando do campo;

VIII – perda de pontos;

IX – perda de renda;

X – suspensão por partida;

XI – suspensão por prazo.

§ 2º. As penas disciplinares não serão aplicadas aos menores de quatorze anos.

§ 3º. As penas pecuniárias não serão aplicadas a atletas não-profissionais.

§ 4º. Compete às entidades de administração do desporto promover o custeio do funcionamento dos órgãos da Justiça Desportiva que funcionem junto a si.

- *§ 4º acrescido pela Lei nº 9.981, de 14.7.2000.*

Art. 51. O disposto nesta Lei sobre Justiça Desportiva não se aplica aos Comitês Olímpico e Paraolímpico Brasileiros.

Art. 52. Os órgãos integrantes da Justiça Desportiva são autônomos e independentes das entidades de administração do desporto de cada sistema, compondo-se do Superior Tribunal de Justiça Desportiva, funcionando junto às entidades nacionais de administração do desporto; dos Tribunais de Justiça Desportiva, funcionando junto às entidades regionais da administração do desporto, e das Comissões Disciplinares, com competência para processar e julgar as questões previstas nos Códigos de Justiça Desportiva, sempre assegurados a ampla defesa e o contraditório.

- *Art. 52, caput, com redação dada pela Lei nº 9.981, de 14.7.2000.*

§ 1º. Sem prejuízo do disposto neste artigo, as decisões finais dos Tribunais de Justiça Desportiva são impugnáveis nos termos gerais do direito, respeitados os pressupostos processuais estabelecidos nos §§ 1º e 2º do art. 217 da Constituição Federal.

§ 2º. O recurso ao Poder Judiciário não prejudicará os efeitos desportivos validamente produzidos em consequência da decisão proferida pelos Tribunais de Justiça Desportiva.

Art. 53. Junto ao Superior Tribunal de Justiça Desportiva, para julgamento envolvendo competições interestaduais ou nacionais, e aos Tribunais de Justiça Desportiva, funcionarão tantas Comissões Disciplinares quantas se fizerem necessárias, compostas cada qual de cinco membros que não pertençam aos referidos órgãos judicantes e que por estes serão indicados.

- *Art. 53, caput, com redação dada pela Lei nº 9.981, de 14.7.2000.*

§ 1º. (Vetado).

§ 2º. A Comissão Disciplinar aplicará sanções em procedimento sumário, assegurados a ampla defesa e o contraditório.

§ 3º. Das decisões da Comissão Disciplinar caberá recurso ao Tribunal de Justiça Desportiva e deste ao Superior Tribunal de Justiça Desportiva, nas hipóteses previstas nos respectivos Códigos de Justiça Desportiva.

- *§ 3º com redação dada pela Lei nº 9.981, de 14.7.2000.*

§ 4º. O recurso ao qual se refere o parágrafo anterior será recebido e processado com efeito suspensivo quando a penalidade exceder de duas partidas consecutivas ou quinze dias.

Art. 54. O membro do Tribunal de Justiça Desportiva exerce função considerada de relevante interesse público e, sendo servidor público, terá abonadas suas faltas, computando-se como de efetivo exercício a participação nas respectivas sessões.

Art. 55. O Superior Tribunal de Justiça Desportiva e os Tribunais de Justiça Desportiva serão compostos por nove membros, sendo:

I – dois indicados pela entidade de administração do desporto;

II – dois indicados pelas entidades de prática desportiva que participem de competições oficiais da divisão principal;

III – dois advogados com notório saber jurídico desportivo, indicados pela Ordem dos Advogados do Brasil;

IV – um representante dos árbitros, por estes indicado;

V – dois representantes dos atletas, por estes indicados.

§ 1º. (Revogado).

§ 2º. O mandato dos membros dos Tribunais de Justiça Desportiva terá duração máxima de quatro anos, permitida apenas uma recondução.

§ 3º. É vedado aos dirigentes desportivos das entidades de administração e das entidades de prática o exercício de cargo ou função na Justiça Desportiva, exceção feita aos membros dos conselhos deliberativos das entidades de prática desportiva.

§ 4º. Os membros dos Tribunais de Justiça Desportiva poderão ser bacharéis em Direito ou pessoas de notório saber jurídico, e de conduta ilibada.

- *Art. 55 com redação dada pela Lei nº 9.981, de 14.7.2000.*

....

DOU de 25.3.1988

RESOLUÇÃO CNE Nº 2, DE 5 DE MAIO DE 2004

(Excertos)

Institui Normas Básicas de Controle da Dopagem nas Partidas, Provas ou Equivalentes do Desporto de Rendimento de Prática Profissional e Não-Profissional.

O Ministro de Estado do Esporte e Presidente do Conselho Nacional de Esporte, no uso de suas atribuições,

....

Capítulo VII – Das Infrações e Penalidades

Art. 32. São infrações por dopagem as previstas no Código Brasileiro de Justiça Desportiva – CBDJ, as indicadas nas normas nacionais, normas internacionais e regras da prática, assim reconhecidas e aceitas pelas entidades nacionais de administração e, em especial, aquelas indicadas nos arts. 33 e 34 da presente Resolução.

Art. 33. Portar o atleta em qualquer momento ou lugar, substância proibida ou adotar métodos proibidos, salvo se para fins terapêuticos e em conformidade com as normas técnicas nacionais e internacionais relativas à matéria.

Pena: suspensão até 360 (trezentos e sessenta) dias e eliminação na reincidência.

§ 1º. Incorrerá nas mesmas penas quem fabricar, extrair, transformar, preparar, despachar, transportar, importar, exportar, oferecer em troca de pagamento ou de graça, distribuir, vender, trocar, servir de intermediário, obter de qualquer maneira, prescrever, comercializar, transferir, aceitar, possuir, reter, comprar ou adquirir de qualquer maneira substâncias proibidas e utilizar métodos proibidos, excetuados os casos permitidos por lei.

§ 2º. Nas mesmas penas, incorrerá quem financiar ou servir como intermediário para o financiamento, estimular o consumo ou uso de substâncias proibidas e métodos proibidos, ou organizar meios para facilitar o acesso ou o consumo de substância e métodos proibidos.

§ 3º. A tentativa é punível aos atos indicados no *caput* e §§ 1º e 2º deste artigo.

Art. 34. O atleta punido por prazo, pela prática de dopagem em competição internacional, fica impedido, por igual prazo, de participar de competições em qualquer modalidade desportiva no Brasil.

Capítulo VIII – Da Responsabilidade pelo Controle de Dopagem

Art. 35. A responsabilidade administrativa e financeira do controle de dopagem cabe às Entidades Nacionais e Regionais de Administração do Desporto, ao Comitê Olímpico e Paraolímpico, ao Ministério e Secretarias de Esporte e aos organizadores de eventos desportivos.

Capítulo IX – Das Disposições Gerais e Transitórias

Seção I – Disposições Gerais

Art. 36. As entidades de administração nacionais, regionais, ligas e entidades de prática do desporto, integrantes do sistema brasileiro de desporto, em conjunto com os órgãos públicos governamentais, farão divulgar por todos os meios disponíveis o texto da presente Resolução, como forma de observar o princípio da democratização e suscitar os valores éticos e morais com o fim de alcançar a plena cidadania pelo desporto.

Art. 37. O procedimento disciplinar deverá ser efetivado pela integração das normas desta Resolução, do Código Brasileiro de Justiça Desportiva – CBJD, subsidiados quando couber, pelas normas nacionais das entidades de administração do desporto e normas internacionais a que estiverem submetidas em decorrência de aceitação ou filiação.

Parágrafo único. As normas regulamentares de cada modalidade, por sua especificidade, quando aplicáveis, poderão fundamentar as decisões dos órgãos da Justiça Desportiva, desde que tenham por escopo proteger a disciplina e a organização das competições.

Art. 38. As entidades de administração poderão adotar penalidades mais graves, quando as normas fixadas pelas Federações Internacionais da modalidade estabelecerem a aplicação de penas superiores às previstas nesta Resolução.

Art. 39. A interpretação das normas procedimentais desta Resolução observará as regras gerais de hermenêutica e visa alcançar a defesa da disciplina, da moralidade e da verdade no desporto.

Art. 40. Os casos omissos e as lacunas desta Resolução serão resolvidos de acordo com os princípios gerais de direito, vedadas porém a definição, a qualificação e as decisões por analogia.

Seção II – Disposição Final

Art. 41. Esta Resolução entrará em vigor na data de sua publicação, revogadas as disposições em contrário, especialmente, a Portaria MEC nº 531, de 10 de julho de 1985, salvo em relação aos processos de dopagem em curso.

Agnelo Queiroz

DOU de 12.5.2004

ANEXO I – SUBSTÂNCIAS E MÉTODOS PROIBIDOS EM COMPETIÇÃO

- *Vide Resolução CNE nº 27, de 21.12.2009 – Nesta edição.*

ANEXO II – CONCENTRAÇÕES MÁXIMAS PERMITIDAS PARA CERTOS COMPOSTOS

Substância	Valor máximo permitido
Carboxi-THC	15 ng / ml
Catina	5 µg / ml
Efedrina	10 µg / ml
Metilefedrina	10 µg / ml
Morfina	1 µg / ml

19-norandrosterona	2 ng / ml
Salbutamol	> 1000 ng / ml (anabólico)
T/E	6 e/ou epitestosterona > 200 ng / ml

Nota: THC corresponde à tetrahidrocanabinol (maconha, haxixe); T corresponde à testosterona, E, corresponde à epitestosterona.

ANEXO III – FORMULÁRIO DE ISENÇÃO MÉDICO-TERAPÊUTICA

- *Vide Modelos no site www.portal.esporte.gov.br.*

RESOLUÇÃO CNE Nº 27, DE 21 DE DEZEMBRO DE 2009

Aprova a lista de substâncias e métodos proibidos na prática desportiva.

O Ministro de Estado do Esporte e Presidente do Conselho Nacional do Esporte, no uso de suas atribuições regulamentares e,

Considerando a competência do Conselho Nacional do Esporte – CNE, para expedir diretrizes com vistas ao controle de substâncias e métodos proibidos na prática desportiva, assim definidas do inciso VII do art. 11 da Lei nº 9.615, de 24 de março de 1998 e suas alterações;

Considerando o que decidiu o Plenário do CNE na 21ª Reunião Ordinária, realizada dia 10 de dezembro de 2009; e considerando a Resolução nº 2, de 5 de maio de 2004 do CNE,

Resolve:

Art. 1º. Aprovar a lista, em anexo, de substâncias e métodos proibidos na prática desportiva.

Art. 2º. Fica revogada a Resolução nº 24, de 30 de dezembro de 2008.

Art. 3º. Esta Resolução entra em vigor a partir de 1º de janeiro de 2010.

Orlando Silva

DOU de 22.12.2009

ANEXO

Todas as Substâncias Proibidas devem ser consideradas como "Substâncias especificadas" exceto Substâncias das classes S1, S2.1 a S2.5, S4.4 e S6.a, e Métodos Proibidos M1, M2 e M3.

SUBSTÂNCIAS E MÉTODOS PROIBIDOS PERMANENTEMENTE (EM COMPETIÇÃO E FORA DE COMPETIÇÃO)

SUBSTÂNCIAS PROIBIDAS

S1. AGENTES ANABÓLICOS

Agentes anabólicos são proibidos.

1. Esteróides Anabólicos Androgênicos (EAA)

a. EAA exógenos*, incluindo:

1-Androstenodiol (5α androst 1-eno 3β, 17β diol); 1 androstenodiona (5α androst 1 eno 3,17 diona); bolandiol (19 norandrostenodiol); bolasterona, boldenona; boldiona (androsta 1,4 dieno 3,17 diona); calusterona; clostebol; danazol (17α etinil 17β hidroxiandrost 4 eno[2,3 d]isoxazola); dehidroclorometiltestosterona (4 cloro 17β hidroxi 17β metilandrosta 1,4 dien 3 ona); desoximetiltestosterona (17α metil 5α androst 2 em 17β ol); drostanolona; etilestrenol (19 nor 17α pregn 4 em 17 ol); estanozolol; estembolona; fluoximesterona; formebolona; furazabol (17β hidroxi 17α metil 5α androstano[2,3 c]furazana); gestrinona; 4 hidroxitestosterona (4,17β dihidroxiandrost 4 em 3 ona); mestanolona; mesterolona; metandienona (17β hidroxi 17α metilandrosta 1,4 dien 3 ona); metandriol; metasterona (2α,17α dimetil 5α androstano 3 ona 17β ol); metenolona; metildienolona (17β-hidroxi 17α metilestra 4,9 dien 3 ona); metil 1 testosterona (17β hidroxi 17α metil 5α androst 1 em 3 ona); metilnortestosterona (17β hidroxi 17α metilestr 4 em 3 ona); metribolona (metiltrienolona, 17β hidroxi 17α metilestra 4,9,11 trien 3 ona); metiltestosterona; mibolerona; nandrolona; 19 norandrostenodiona (estr 4 eno 3,17 diona); norboletona; norclostebol; noretandrolona; oxabolona; oxandrolona; oximesterona; oximetolona; prostanozol (17β hydroxy 5α-androstano[3,2 c]pirazola); quimbolona; 1-testosterona (17β hidroxi 5α androst 1 em 3 ona); tetrahidrogestrinona (18a homo pregna 4,9,11 trien 17β ol 3 ona); trembolona e outras substâncias com uma estrutura química similar ou efeitos biológicos similares.

b. EAA endógenos** quando administrados exógenamente:

androstenodiol (androst-5-ene-3β,17β-diol); androstenodiona (androst-4-ene-3,17-dione); dihidrotestosterona (17β-hidroxi-5α-androstan-3-ona); prasterona (dihidroepiandrosterona, DHEA); testosterona e os seguintes metabólitos e isômeros:

5α-androstano-3α,17α-diol; 5α-androstano-3α,17β-diol; 5α- androstano-3β,17α-diol; 5α-androstano-3β,17β-diol; androst-4-eno- 3α,17α-diol; androst-4-eno-3α,17β-diol; androst-4-eno-3β,17α-diol; androst-5-eno-3α,17α-diol; androst-5-eno-3α,17β-diol; androst-5-ene-3β,17α-diol; 4-androstenodiol (androst-4-eno-3β,17β-diol); 5-androsteno-diona (androst-5-eno-3,17-diona); epi-dihidrotestosterona, epitestosterona; 3α-hidroxi-5α-androstano-17-ona; 3β-hidroxi-5α-androstano- 17-ona; 19-norandrosterona; 19-noretiocolanolona.

2. Outros agentes anabólicos, incluindo, mas não limitados a:

Clembuterol, moduladores seletivos de receptores androgênicos (SARMs), tibolona, zeranol, zilpaterol.

Para compreensão desta seção:

* "exógeno" se refere a uma substância que não é capaz de ser produzida pelo corpo naturalmente.

** "endógeno" se refere a uma substância que pode ser produzida naturalmente pelo corpo.

S2. HORMÔNIOS PEPTÍDICOS, FATORES DE CRESCIMENTO E SUBSTÂNCIAS AFINS

As seguintes substâncias e seus fatores de liberação são proibidos:

1. Agentes de estimulação da eritropoiese [e.g. eritropoietina (EPO), darbepoietina (dEPO), metoxi polietileno glicol-epoetina beta (CERA), hematide];

2. Gonadotrofina Coriônica (CG) e Hormônio Luteinizante (LH) em homens;

3. Insulinas;

4. Corticotrofinas;

5. Hormônio do Crescimento (GH); Fator de Crescimento semelhante à Insulina-1 (IGF-1), Fatores de Crescimento Mecânicos (MGFs); Fator de Crescimento derivado de Plaquetas (PDGF), Fator de Crescimento Fibroblástico (FGFs), Fator de Crescimento Endotelial-Vascular (VEGF) e Fator de Crescimento de Hepatócito (HGF) assim como qualquer outro fator de crescimento que afete a síntese/degradação de proteínas de músculo, tendão ou ligamento, a vascularização, utilização de energia, capacidade regenerativa ou conversão do tipo de fibra;

6. Preparações derivadas de plaquetas (e.g. plasma rico em plaquetas, "blood spinning"/sangue superconcentrado em fatores de crescimento e cicatrizantes) administradas por via intramuscular. Outras vias de administração requerem a declaração de Uso em conformidade com a Norma Internacional para Isenção de Uso Terapêutico. E outras substâncias com estrutura química similar ou efeito(os) biológico(s) similar(es).

S3. BETA-2 AGONISTAS

Todos os beta-2 agonistas (incluindo seus dois isômeros onde relevante) são proibidos com exceção de salbutamol (máximo 1600 microgramas durante 24 horas) e salmeterol por inalação que requerem a declaração de Uso em conformidade com a Norma Internacional para Isenção de Uso Terapêutico. A presença de salbutamol na urina em concentração superior a 1.000 ng/mL é compreendida como não sendo uso terapêutico planejado e será considerada como um Resultado Analítico Adverso, a menos que o Atleta prove, através de um estudo farmacocinético controlado, que este resultado anormal seja consequência do uso da dose terapêutica (máximo 1600 microgramas durante 24 horas) de salbutamol inalado.

S4. ANTAGONISTAS DE HORMÔNIOS E MODULADORES

As seguintes classes de substâncias são proibidas:

1. Inibidores da aromatase incluindo, mas não limitados a: anastrozola, 4-androsteno-3,6,17-triona (6-oxo), androsta-1,4,6-trieno-3,17-diona (androstatrienodiona), letrozola, aminoglutetimida, exemestano, formestano, testolactona.

2. Moduladores seletivos de receptores de estrógenos (SERMs) incluindo, mas não limitados a: raloxifeno, tamoxifeno, toremifeno.

3. Outras substâncias antiestrogênicas incluindo, mas não limitados a: clomifeno, ciclofenila, fulvestranto.

4. Agentes modificadores da função(ões) da miostatina incluindo, mas não limitados a: inibidores da miostatina.

S5. DIURÉTICOS E OUTROS AGENTES MASCARANTES

Agentes mascarantes são proibidos. Eles incluem:

Diuréticos, probenecida, expansores de plasma (e.g. glicerol; administração intravenosa de albumina, dextrana, hidroxietilamido e manitol) e outras substâncias com efeito(s) biológico(s) similar(es).

Diuréticos incluem: Ácido etacrínico, acetazolamida, amilorida, bumetanida, canrenona, clortalidona, espironolactona, furosemida, indapamida, metolazona, tiazidas (e.g. bendroflumetiazida, clorotiazida, hidroclorotiazida), triantereno, além de outras substâncias com estrutura química similar ou efeito(s) biológico(s) similar(es) (excetuando-se a drosperidona, pamabrom e uso tópico de dorzolamina e brinzolamida que não são proibidas).

Uma Isenção para Uso Terapêutico para diuréticos e agentes mascarantes não será válida se a urina de um Atleta contiver essa(s) substância(s) em associação a uma Substância Proibida exógena com um valor igual ou abaixo de seu limite máximo permitido.

MÉTODOS PROIBIDOS

M1. AUMENTO DA TRANSFERÊNCIA DE OXIGÊNIO

Os seguintes são proibidos:

1. Doping sanguíneo, incluindo o uso de sangue autólogo, homólogo ou heterólogo, ou de produtos de glóbulos vermelhos de qualquer origem.

2. Aumento artificial da captação, transporte ou aporte de oxigênio, incluindo mas não limitado aos perfluoroquímicos, efaproxiral (RSR13) e produtos à base de hemoglobina modificada (e.g. substitutos de sangue com base em hemoglobina, produtos de hemoglobina microencapsulados), excluindo oxigenação suplementar.

M2. MANIPULAÇÃO QUÍMICA E FÍSICA

1. Manipular ou tentar manipular, visando alterar a integridade e validade das Amostras coletadas no controle de dopagem é proibido. Isto inclui, mas não se limita, à cateterização e substituição e/ou alteração da urina (e.g. proteases).

2. Infusões intravenosas são proibidas exceto aquelas administradas durante ocasiões de visitas hospitalares ou investigações clínicas.

M3. DOPING GENÉTICO

Os seguintes, com o potencial de melhorar o desempenho atlético, são proibidos:

1. A transferência de células ou elementos genéticos (e.g. DNA, RNA);

2. O uso de agentes biológicos ou farmacológicos que modifiquem a expressão gênica.

Agonistas do Receptor Ativado de Proliferação Peroxisomal δ (PPAR δ) (e.g., GW 1516) e agonistas do eixo proteína quinase PPAR δ-AMP-ativada (AMPK) (e.g. AICAR) são proibidos.

SUBSTÂNCIAS E MÉTODOS PROIBIDOS EM COMPETIÇÃO

Além das categorias S1 a S5 e M1 a M3 definidas anteriormente, as seguintes categorias são proibidas em competição:

SUBSTÂNCIAS PROIBIDAS

S6. ESTIMULANTES

Todos os estimulantes (incluindo seus dois isômeros quando relevantes) são proibidos, exceto derivados de imidazol para uso tópico e aqueles estimulantes incluídos no programa de monitoramento de 2010*.

Estimulantes incluem:

a: Estimulantes não especificados:

Adrafinil; amifenazola; anfepramona; anfetamina; anfetaminil; benfluorex; benzfetamina; benzilpiperazina; bromantano; clobenzorex; cocaína; cropropamida; crotetamida; dimetilanfetamina; etilanfetamina; famprofazona; femproporex; fencamina; fendimetrazina; fenetilina; fenfluramina; 4-fenil-piracetam (carfedom); fenmetrazina; fentermina; furfenorex; mefenorex; mefentermina; mesocarbo; metanfetamina (d-); p-metilanfetamina; metilenodioxianfetamina; metilenodioximetanfetamina; metilhexanoamina (dimetilpentilamina); modafinil; norfenfluramina; prenilamina; prolintano.

Um estimulante não citado expressamente nesta seção é uma Substância Especificada.

b: Estimulantes especificados (exemplos):

Adrenalina**; catina***; efedrina****; estricnina; etamivan; etilefrina; fenbutrazato; fencanfamina; fenprometamina; heptaminol; isometepteno; levometanfetamina; meclofenoxato; metilefedrina****; metilfenidato; niquetamida; norfenefrina; octopamina; oxilofrina; parahidroxianfetamina; pemolina; pentetrazola; propilexedrina; pseudoefedrina*****; selegilina; sibutramina; tuaminoheptano e outras substâncias com estrutura química similar ou efeito(s) biológico(s) similar(es).

*As seguintes substâncias, incluídas no programa de monitoramento de 2010 (bupopriona, cafeína, fenilefrina, fenilpropanolamina, pipradol, sinefrina) não são consideradas Substâncias Proibidas.

** Adrenalina associada com agentes anestésicos locais ou por administração local (e.g. nasal, oftalmológica) não é proibida.

*** Catina é proibida quando sua concentração na urina for maior do que 5 microgramas por mililitro.

**** Tanto a efedrina como a metilefedrina são proibidas quando sua concentração na urina for maior do que 10 microgramas por mililitro.

***** Pseudoefedrina é proibida quando sua concentração na urina for maior do que 150 microgramas por mililitro.

S7. NARCÓTICOS

Os seguintes narcóticos são proibidos:

Buprenorfina, dextromoramida, diamorfina (heroína), fentanil e seus derivados, hidromorfona, metadona, morfina, oxicodona, oximorfona, pentazocina e petidina.

S8. CANABINOIDES

Δ9-tetrahidrocanabinol (THC) natural ou sintético e canabinoides semelhantes à THC (e.g. haxixe, maconha, HU-210) são proibidos.

S9. GLICOCORTICOSTEROIDES

Todos os glicocorticosteroides são proibidos quando administrados por via oral, retal, intramuscular ou endovenosa.

De acordo com a Norma Internacional para Isenção de Uso Terapêutico (IUT), uma declaração de uso deve ser preenchida pelo Atleta para glicocorticosteroides administrados por via intra-articular, periarticular, peritendinosa, epidural, intradérmica e inalatória, exceto como disposto abaixo.

Preparações tópicas, quando usadas para moléstia auricular, bucal, dermatológica (inclusive iontoforese e fonoforese), gengival, nasal, oftálmica e perianal, não são proibidas e não requerem uma Isenção de Uso Terapêutico ou declaração de uso.

SUBSTÂNCIAS PROIBIDAS EM ESPORTES ESPECÍFICOS

P1. ÁLCOOL

Álcool (etanol) é proibido somente Em Competição, nos esportes abaixo relacionados. A detecção será feita por análise respiratória e/ou pelo sangue.

O limite permitido (em valores hematológicos) é de 0,10 g / L.

Aeronáutica (FAI)

Lancha de potência (UIM)

Arco e flecha (FITA)

Karatê (WKF)

Automobilismo (FIA)

Pentatlo Moderno (com tiro) (UIPM)

Boliche de nove e dez pinos (FIQ)

Motociclismo (FIM)

P2. BETA-BLOQUEADORES

A menos que seja especificado, beta-bloqueadores são proibidos somente Em Competição, nos seguintes esportes:

Aeronáutica – FAI

Arco e flecha – FITA
(proibido também Fora De Competição)

Automobilismo – FIA

Bilhar e Sinuca – WCSB

Bobsleigh – FIBT

Bocha – CMSB

Boliche de 9 e 10 pinos – FIQ

Bridge – FMB

Curling – WCF

Esqui/Snowboarding – FIS
(salto com esqui e estilo livre em *snow board*)

Ginástica – FIG

Golfe – IGF

Lancha de potência – UIM

Luta – FILA

Motociclismo – FIM

Pentatlo Moderno (com tiro) – UIPM

Tiro – ISSF, IPC
(proibido também Fora De Competição)

Vela – ISAF
(somente para os timoneiros em *match race*)

Beta-bloqueadores incluem, mas não se limitam, aos seguintes compostos:

Acebutolol, alprenolol, atenolol, betaxolol, bisoprolol, bunolol, carteolol, carvedilol, celiprolol, esmolol, labetalol, levobunolol, metipranolol, metoprolol, nadolol, oxprenolol, pindolol, propanolol, sotalo, timolol.

DOU de 22.12.2009

DECRETO Nº 6.795, DE 16 DE MARÇO DE 2009

Regulamenta o art. 23 da Lei nº 10.671, de 15 de maio de 2003, que dispõe sobre o controle das condições de segurança dos estádios desportivos.

O Presidente da República, no uso das atribuições que lhe confere o art. 84, inciso IV, da Constituição, e tendo em vista o disposto na Lei nº 10.671, de 15 de maio de 2003,

Decreta:

Art. 1º. Este Decreto regulamenta o art. 23 da Lei nº 10.671, de 15 de maio de 2003, no que concerne ao controle das condições sanitárias e de segurança dos estádios a serem utilizados em competições desportivas.

Art. 2º. A entidade responsável pela organização da competição apresentará ao Ministério Público dos Estados e do Distrito Federal, previamente à sua realização, os laudos técnicos expedidos pelos órgãos e autoridades competentes pela vistoria das condições de segurança dos estádios a serem utilizados.

§ 1º. Os laudos técnicos, que atestarão a real capacidade de público dos estádios, bem como suas condições de segurança, serão os seguintes:

I – laudo de segurança;

II – laudo de vistoria de engenharia;

III – laudo de prevenção e combate de incêndio; e

IV – laudo de condições sanitárias e de higiene.

§ 2º. Na hipótese de o estádio ser considerado excepcional por seu vulto, complexidade ou antecedentes ou sempre que indicado no laudo de vistoria de engenharia, será exigida a apresentação de laudo de estabilidade estrutural, na forma estabelecida pelo Ministério do Esporte.

§ 3º. O Ministério do Esporte estabelecerá, em até cento e vinte dias a partir da vigência deste Decreto, os requisitos mínimos que deverão ser contemplados nos laudos técnicos previstos nos §§ 1º e 2º e indicará as autoridades competentes para emiti-los.

Art. 3º. Este Decreto entra em vigor na data de sua publicação.

Brasília, 13 de março de 2009; 188º da Independência e 121º da República.

Luiz Inácio Lula da Silva

DOU de 16.3.2009

ÍNDICE ALFABÉTICO-REMISSIVO

DO CÓDIGO BRASILEIRO DE JUSTIÇA DESPORTIVA

ADVERTÊNCIA (art. 170, I)

APLICAÇÃO DA PENALIDADE (arts. 178 a 184)

ARBITRAGEM – INFRAÇÕES

— Deixar de comunicar à autoridade competente, em tempo oportuno, que não se encontra em condições de exercer suas atribuições (art. 263)

— Deixar de observar as regras da modalidade (art. 259)

— Deixar de relatar as ocorrências disciplinares de evento (art. 266)

— Deixar de solicitar às autoridades competentes as providências necessárias à segurança (art. 267)

— Deixar o árbitro, auxiliar ou membro da equipe de arbitragem de cumprir as obrigações relativas à sua função (art. 261-A)

— Infrações Relativas à (arts. 259 a 280)

— Omitir-se no dever de prevenir ou de coibir violência ou animosidade entre os atletas, no curso da competição (art. 260)

— Praticar atos com excesso ou abuso de autoridade (art. 273)

— Recusar-se, injustificadamente, a iniciar a partida, prova ou equivalente, ou abandoná-la antes do seu término (art. 269)

ATOS

— Comunicação dos (arts. 45 a 51-A)

— Processuais (arts. 36 a a 41)

AUDITORES (arts. 11 a 20)

— Competência (art. 19)

— Impedimento (art. 18)

— Parentesco (art. 17)

— Vacância (arts. 14 a 15-B)

CITAÇÃO (art. 45)

COMISSÕES DISCIPLINARES

— STJD – Competência (art. 26)

— TJD – Competência (art. 28)

— Regionais (art. 5º-A)

COMPETÊNCIA E JURISDIÇÃO (arts. 24 a 32)

COMUNICAÇÃO DOS ATOS (arts. 45 a 51-A)

CONCURSO DE PESSOAS (art. 163)

DEFENSORES (arts. 29 a 32)

DEPOIMENTO PESSOAL (art. 60)

DESFILIAÇÃO, Suspensão ou Desvinculação Impostas pelas Entidades de Administração ou de Prática Desportiva (art. 111)

DESPORTIVO – Processo (arts. 1º a 23 e 33 a 72)

DESVINCULAÇÃO, Suspensão ou Desfiliação Impostas pelas Entidades de Administração ou de Prática Desportiva (art. 111)

DISCIPLINAR DESPORTIVA – Transação (art. 80-A)

DISPOSIÇÕES
— Gerais (arts. 281 a 284)
— Transitórias e Finais (arts. 285 a 287)
DISPUTA das Partidas, Provas ou Equivalentes – Infrações Relativas à (arts. 249-A a 258)
DISTRIBUIÇÃO E REGISTRO (art. 72)
DOCUMENTAL – Prova (art. 61)
DOPAGEM (arts. 100-A a 106)
EDITAL (art. 47)
ELIMINAÇÃO (arts. 170, IX e 177)
EMBARGOS DE DECLARAÇÃO (art. 152-A)
ENUNCIADO DE SÚMULA (art. 119-A)
ESPÉCIE
— Infrações em (arts. 191 a 287)
— Penalidades (arts. 170 a 177)
— Processo Desportivo (arts. 73 a 135)
ÉTICA DESPORTIVA – Infrações contra a (arts. 234 a 249)
EXCLUSÃO de campeonato ou torneio (art. 170, XI)
EXIBIÇÃO de Documento ou Coisa (art. 62)
EXTINÇÃO da Punibilidade (arts. 164 a 169-B)
IMPUGNAÇÃO de Partida, Prova ou Equivalente (arts. 84 a 87)
INDENIZAÇÃO (art. 170, VIII)
INFRAÇÃO, DA (arts. 156 a 161-A)
INFRAÇÕES
— Abandonar a disputa (art. 204)
— Admitir ao exercício de cargo ou função quem estiver eliminado ou em cumprimento de pena disciplinar (art. 227)
— Aliciar atleta autônomo ou pertencente a qualquer entidade desportiva (art. 240)
— Ameaçar alguém, por palavra, escrito, gestos ou qualquer outro meio, a causar-lhe mal injusto ou grave (art. 243-C)
— Assumir qualquer conduta contrária à disciplina ou à ética desportiva não tipificada pelas demais regras deste Código (art. 258)
— Atestar ou certificar falsamente (art. 235)
— Atuar, de forma contrária à ética desportiva, com o fim de influenciar o resultado de partida, prova ou equivalente (art. 243-A)
— Atuar, deliberadamente, de modo prejudicial à equipe que defende (art. 243)
— Celebrar contrato de trabalho com duas ou mais entidades (art. 216)
— Constranger alguém, mediante violência, grave ameaça ou por qualquer outro meio, a não fazer o que a lei permite ou a fazer o que ela não manda (art. 243-B)
— Contra a Ética Desportiva (arts. 234 a 249)
— Cuspir em outrem (art. 254-B)
— Danificar praça de desportos, sede ou dependência de entidade (art. 219)
— Dar causa ao atraso do início da realização de evento (art. 206)
— Dar ou oferecer vantagem a testemunha, perito, tradutor ou intérprete, para fazer afirmação falsa, negar ou calar a verdade em depoimento, perícia, tradução ou interpretação (art. 229)
— Dar ou prometer qualquer vantagem a árbitro ou auxiliar de arbitragem (art. 241)
— Dar ou prometer vantagem indevida (art. 237)
— Dar ou prometer vantagem indevida a membro de entidade desportiva (art. 242)
— Dar ou transmitir instruções a atletas (art. 258-C)
— Deixar a autoridade desportiva que tomou conhecimento de falsidade documental de comunicar a infração ao competente órgão judicante (art. 220)
— Deixar de colaborar ou atender a convocação de órgãos da Justiça Desportiva (art. 220-A)
— Deixar de cumprir ou dificultar o cumprimento de obrigação legal, de deliberação ou de regulamento (art. 191)
— Deixar de cumprir ou retardar o cumprimento de decisão ou determinação da Justiça Desportiva (art. 223)
— Deixar de disputar (art. 203)
— Deixar de manter o local que tenha indicado para realização do evento com infraestrutura necessária (art. 211)
— Deixar de praticar ato de ofício (art. 239)
— Deixar de tomar providências capazes de prevenir e reprimir desordens, invasão, lançamento de objetos no local do evento (art. 213)

— Em Espécie (arts. 191 a 287)
— Exercer cargo, função ou atividade, na modalidade desportiva, durante o período em que estiver suspenso por decisão da Justiça Desportiva (art. 228)
— Falsificar, no todo ou em parte, documento (art. 234)
— Impedir o prosseguimento de evento (art. 205)
— Incitar publicamente o ódio ou a violência (art. 243-D)
— Incluir na equipe, ou fazer constar da súmula ou documento equivalente, atleta em situação irregular (art. 214)
— Invadir local destinado à equipe de arbitragem, ou o local da partida, prova ou equivalente, durante sua realização, inclusive no intervalo regulamentar (art. 258-B)
— Ofender alguém em sua honra, por fato relacionado diretamente ao desporto (art. 243-F)
— Ordenar ao atleta que não atenda à requisição ou convocação (art. 207)
— Participar de rixa, conflito ou tumulto, durante a partida, prova ou equivalente (art. 257)
— Praticar agressão física durante a partida, prova ou equivalente (art. 254-A)
— Praticar ato desleal ou hostil durante a partida, prova ou equivalente (art. 250)
— Praticar ato discriminatório, desdenhoso ou ultrajante, relacionado a preconceito em razão de origem étnica, raça, sexo, cor, idade, condição de pessoa idosa ou portadora de deficiência (art. 243-G)
— Praticar jogada violenta (art. 254)
— Prestar depoimento falso perante a Justiça Desportiva (art. 222)
— Provocar o público durante partida, prova ou equivalente (art. 258-A)
— Punidas com Eliminação (arts. 107 a 110)
— Receber ou solicitar, para si ou para outrem, vantagem indevida (art. 238)
— Recusar acesso em praça de desporto (art. 201)
— Referentes à Justiça Desportiva (arts. 220 a 233)
— Relativas à Administração Desportiva, às Competições e à Justiça Desportiva (arts. 191 a 219)
— Relativas à Arbitragem (arts. 259 a 280)
— Relativas à Disputa das Partidas, Provas ou Equivalentes (arts. 249-A a 258)
— Submeter criança ou adolescente, sob sua autoridade, guarda ou vigilância, a vexame ou a constrangimento (art. 243-E)
— Usar carteira ou qualquer documento de identidade de outrem (art. 236)

INQUÉRITO (arts. 81 a 83)

INSPEÇÃO (arts. 70 e 71)

INSTRUÇÃO – Sessão de Julgamento e (arts. 120 a 135)

INTERDIÇÃO de praça de desportos (arts. 170, VI e 174)

INTERVENÇÃO de Terceiro (art. 55)

INTIMAÇÃO (art. 46)

JULGAMENTO – Sessão de Instrução e (arts. 120 a 135)

JURISDIÇÃO E COMPETÊNCIA (arts. 24 a 32)

JUSTIÇA DESPORTIVA(arts. 1º a 152-A)
— Organização da (arts. 1º a 23)
— Infrações Referentes à (arts. 220 a 233)
— Procuradoria da (arts. 21 e 22)
— Tribunais de (arts. 27 e 28)

MANDADO DE GARANTIA (arts. 88 a 98)

MEDIDAS DISCIPLINARES (arts. 153 a 190)

MEDIDAS INOMINADAS (art. 119)

MEIOS AUDIOVISUAIS (arts. 65 a 67)

MENORES de quatorze anos – Responsabilização pela atitude antidesportiva praticada por (art. 162)

MULTA (arts. 170, II e 176-A)

NULIDADES (arts. 52 a 54)

ORGANIZAÇÃO
— Da Justiça (arts. 1º a 23)
— Da Justiça Desportiva (arts. 1º a 8º-B)

ÓRGÃOS (art. 3º-A)

PENALIDADE – Aplicação da (arts. 178 a 184)

PENALIDADES(arts. 170 a 184)
— Advertência (art. 170, I)
— Agravantes (art. 179)

— Atenuantes (art. 180)
— Eliminação (art. 170, IX)
— Espécies de (arts. 170 a 177)
— Exclusão de campeonato ou torneio (art. 170, XI)
— Indenização (art. 170, VIII)
— Interdição de praça de desportos (arts. 170, VI e 174)
— Multa (arts. 170, II e 176-A)
— Não-profissionais (art. 182)
— Perda de mando de campo (arts. 170, VII e 175)
— Perda de pontos (art. 170, V)
— Perda de renda (art. 170, X)
— Supesnsão por partida (arts. 170, III e 171)
— Suspensão por prazo (arts. 170, IV e 172)
— Tipos de (art. 170)

PERDA
— De mando de campo (arts. 170, VII e 175)
— De pontos (art. 170, V)
— De renda (art. 170, X)

PERICIAL – Prova (arts. 68 e 69)

PRAZOS (arts. 42 a 44)

PRESIDÊNCIA
— Atribuições (art. 9º)
— E Vice-Presidente do STJD, dos Tribunais e das Comissões Disciplinares (arts. 9º e 10-D)
— Vacância (arts. 8º-A e 8º-B)

PREVENTIVA – Suspensão (art. 35)

PRINCÍPIOS (art. 2º)

PROCEDIMENTO
— Especiais (arts. 80 a 119-A)
— Sumário (arts. 73 a 79)

PROCESSO DESPORTIVO (arts. 1º a 23 e 33 a 72)
— Espécies do (arts. 73 a 135)

PROCESSUAIS – Atos (arts. 36 a a 41)

PROCURADORIA DA JUSTIÇA DESPORTIVA (arts. 21 e 22)
— Espécies do (arts. 73 a 135)

PROVA(S) (arts. 56 a 71)
— Espécies do (arts. 73 a 135)
— Documental (art. 61)
— Pericial (arts. 68 e 69)
— Testemunhal (arts. 63 e 64)

PUNIBILIDADE – Extinção da (arts. 164 a 169-B)

REABILITAÇÃO (arts. 99 e 100)

RECURSO(S) (arts. 136 a 152-A)
— Necessário (arts. 143 a 145)
— Voluntário (arts. 146 a 152)

REGISTRO E DISTRIBUIÇÃO (art. 72)

RESPONSABILIZAÇÃO pela atitude antidesportiva praticada por menores de quatorze anos (art. 162)

REVISÃO (arts. 112 a 118)

SECRETARIA (art. 23)

SESSÃO de Instrução e Julgamento (arts. 120 a 135)

SUMÁRIO – Procedimento (arts. 73 a 79)

SÚMULA – Enunciado de (art. 119-A)

SUSPENSÃO
— Desfiliação ou Desvinculação Impostas pelas Entidades de Administração ou de Prática Desportiva (art. 111)
— Por partida (arts. 170, III e 171)
— Por prazo (arts. 170, IV e 172)
— Preventiva (art. 35)

TERCEIRO – Intervenção de (art. 55)

TESTEMUNHAL – Prova (arts. 63 e 64)

TJD – Composição (art. 5º)

TRANSAÇÃO DISCIPLINAR DESPORTIVA (art. 80-A)

TRIBUNAIS DE JUSTIÇA DESPORTIVA (arts. 27 e 28)

TRIBUNAL PLENO
— STJD – Competência (art. 25)
— STJD – Composição (art. 4º)
— TJD – Competência (art. 27)

VICE-PRESIDENTE
— Competência (art. 10)
— E Presidente do STJD, dos Tribunais e das Comissões Disciplinares (arts. 9º e 10-D)